DIE DEUTSCHEN VOR MOSKAU
WERNER HAUPT

DIE DEUTSCHEN VOR MOSKAU

1941/42

Bildchronik einer Schlacht der verfehlten Strategie

Werner Haupt

Alle Rechte beim Podzun-Verlag, 6364 Dorheim
Druck: Buchdruckerei Haus, Hanau
Lithos: Theodor Bräutigam, Hanau
Einband: Buchbinderei Gebhardt, Schalkhausen
Bilder: Weltkriegsbücherei Stuttgart

INHALT

EIN WORT ZUVOR

Das "Inferno Moskau" gehört seit drei Jahrzehnten der Geschichte an. Historiker, Politiker, Militärs rätseln seitdem, ob diese Auseinandersetzung zu einer der Entscheidungsschlachten des 2. Weltkrieges gehört. Es war Anliegen des Verlages und des Autors, mit dieser Bildchronik keinen Rechenschaftsbericht "pro und contra" abzulegen, sondern das Geschehen der grauenvollen Wintermonate 1941/42 noch einmal in Text und Bild festzuhalten.

Das Buch möchte den Mitkämpfern beider Seiten, ihren Hinterbliebenen, den kriegsgeschichtlich interessierten Laien, den Historikern und den Soldaten lediglich berichten, wie Männer, Frauen und Kinder die Schrecken einer Schlacht erlitten, deren Planung verfehlt, deren Durchführung mangelhaft und deren Ergebnis negativ war.

Die Bildchronik verschweigt nicht die Kameradschaft, den Opfermut und die Einsatzfreude der Soldaten beider·Seiten; sie leugnet aber auch nicht die Schmerzen, das Leid und den entsetzlichen Tod, den jede Schlacht, den jeder Krieg bis in unsere heutige Zeit mit sich bringen. Deshalb möchte das Buch mit dazu beitragen helfen, daß es den Menschen unserer Generation gelingen möge, alle weltanschaulichen und politischen Differenzen auf friedlichem Wege zu lösen.

Neustadt im Sommer 1972   Der Verfasser

DIE HEERESGRUPPE MITTE

Sommer - Herbst 1941

Als es Hitler im Sommer 1940 klar wird, daß eine Invasion in England nicht möglich ist, entschließt er sich, alle Vorbereitungen zu einer militärischen Auseinandersetzung mit der Sowjet-Union zu treffen. Er glaubt, daß die russische Regierung auf Grund der mit dem Deutschen Reich getroffenen Vereinbarungen und der Konzentration der deutschen Armeen in Westeuropa zu einem offensiven Vorgehen in Osteuropa ermutigt werden könne. Als sichere Aussage für diese eventuelle politische und militärische Aktivität der UdSSR sieht Hitler die spätere Besetzung der drei baltischen Republiken an.

Das Oberkommando des deutschen Heeres (OKH) erhält am 21. Juli 1940 den Befehl, Pläne für die Kriegsführung gegen die Sowjet-Union zu erarbeiten. Während Generalstabsoffiziere die Grundlagen für diese Pläne in fieberhafter Arbeit schaffen, beginnt bereits der Aufmarsch der Armeen und Luftflotten in Ostpreußen, im Generalgouvernement Polen und später auch in Bulgarien und Rumänien. Das Oberkommando der Wehrmacht (OKW) erläßt am 18. 12. 1940 die Weisung Nr. 21, die als "Plan Barbarossa" bekannt ist.

Hier wird befohlen, daß drei deutsche Heeresgruppen und drei Luftflotten sich für diese militärische Auseinandersetzung bereitzustellen haben. Die Heeresgruppe Mitte unter dem Oberbefehl des Feldmarschalls von Bock erhält den Auftrag:

> ". . . mit besonders starken Panzer- und motorisierten Verbänden aus den Raum um und nördlich Warschau vorbrechend, die feindlichen Kräfte in Weißrußland zu zersprengen. . . . Erst nach Sicherstellung dieser vordringlichen Aufgabe . . . sind die Angriffsoperationen zur Besitznahme des wichtigen Verkehrs- und Rüstungszentrums Moskau fortzuführen. . . ."

Die Sowjet-Union erkennt selbstverständlich den sich von Monat zu Monat steigernden deutschen Aufmarsch und beantwortet diesen mit der Verstärkung der eigenen Truppen in Weißrußland und im Baltikum. Dabei rücken die stärksten Verbände der "Roten Armee" in den nach Westen vorspringenden Landesteil zwischen Bialystock und Brest-Litowsk. Stalin spricht am 5. Mai 1941 während einer Rede in Moskau den bemerkenswerten Satz:

> "Die Situation ist äußerst ernst. Mit einem deutschen Angriff muß in nächster Zeit gerechnet werden!"

Dieser Angriff beginnt am Sonntag, den 22. Juni 1941 morgens 3.15 Uhr auf ganzer Frontbreite zwischen Ostsee und Schwarzem Meer. Die Heeresgruppe Mitte tritt mit der Panzergruppe 3 (Generaloberst Hoth) und der 9. Armee (Generaloberst Strauss) aus dem Suwalki-Zipfel in Ostpreußen an. Die 4. Armee (Feldmarschall von Kluge) und die Panzergruppe 2 (Generaloberst Guderian) gehen beiderseits Brest-Litowsk über die Grenze. Es sind insgesamt 5 Panzer- und 11 Armeekorps mit 35 Infanterie-, 11 Panzer- und 1 Kavalleriedivision. Die Luftflotte 2 (Feldmarschall Kesselring) unterstützt das Heer mit zwei Flieger- und einem Flakkorps, denen zehn Fliegergeschwader, drei selbständige Fliegergruppen und je zwei Nachrichten- und Flakregimenter unterstehen.

Die russische Heeresgruppe "West" (Armeegeneral Pawlov) verteidigt mit der 3. (Generalleutnant Kusnezov), der 4. (Generalmajor Korobkov) und der 10. Armee (Generalmajor Golubjov) den Abschnitt zwischen Grodno im Norden und Kobryn im Süden. Die drei Armeen verfügen über sechs Schützen-, je ein mechanisiertes und Kavalleriekorps mit 23 Schützen-, 6 Kavalleriedivisionen und 9 Panzerbrigaden. Die Luftwaffe ist keine selbständige Waffengattung und deshalb jeweils den Armeen unterstellt.

Die überlegenen deutschen Kräfte durchstoßen in den ersten Tagen - mit Ausnahme von Brest-Litowsk - überall die russischen Stellungen. Die vorausgeworfenen Panzerdivisionen gewinnen weit nach Osten Raum. Bereits am dritten Tag wird die Masse der Verteidiger zwischen Bialystock und Nowogrudek eingeschlossen und am sechsten Tag besetzen Panzerkräfte die weißrussische Metropole Minsk.

Die große Schlacht zwischen Bialystock und Minsk geht am 2. Juli zu Ende. Mehr als 280.000 russische Gefangene werden gezählt. Die freiwerdenden Infanteriedivisionen eilen durch Sand, Staub und Sonnenglut den weit nach Osten stehenden Panzerkorps nach. Unerhörte Marschleistungen werden verlangt, um die bereits über die Düna (im Norden) und Beresina (im Süden) vorgedrungenen motorisierten Kolonnen zu erreichen.

Marschall Timoschenko, der inzwischen das Oberkommando der russischen Heeresgruppe "West" übernommen hat, baut Anfang Juli mit neu herangeführten Armeen beiderseits Smolensk eine Riegelstellung auf. Er befehligt jetzt über fünf Armeen mit 9 Schützen- und 3 mechanisierten Korps. Mitte Juli wird eine zweite Heeresgruppe "Zentralfront" (Generaloberst Kusnezov) mit zwei Armeen zum Schutz zwischen Beresina und Dnjepr eingeschoben.

Der russische Widerstand wird von Tag zu Tag härter und verbissener; die deutschen Verluste immer höher. Es gelingt zwar den Divisionen der Heeresgruppe Mitte, weiter nach Osten anzugreifen. Der Dnjepr ist Mitte Juli auf breiter Front zwischen Orscha (im Norden) und Schlobin (im Süden) überschritten. Die Panzerstreitkräfte drehen auf Smolensk ein, um hier die zwischen Düna und Dnjepr liegende Landbrücke zu gewinnen. Als Smolensk fällt, sind wiederum drei russische Armeen eingeschlossen. Damit beginnt die Schlacht um Smolensk, die praktisch bis in den Monat August hinein andauert.

Das sowjetische Oberkommando versteht es, immer neue Truppen ins Feld zu führen, die den Angreifern jeden Meter Boden streitig machen. Die Heeresgruppe Mitte kämpft Anfang August mit Front nach Osten, obwohl ihre Südflanke den in den Pripjetsümpfen und bei Gomel stehenden russischen Kräften schutzlos preisgegeben ist. Zur benachbarten Heeresgruppe Süd klafft eine Lücke von 150 km Breite.

Diese Gefahr wird von Hitler überbewertet, der im Gegensatz zu seinem Generalstab jetzt nicht mehr nach Moskau, sondern nach Kiew will. Er befiehlt daher am 18. August das Halt für die bei Smolensk stehende Heeresgruppe Mitte und das Abdrehen der Panzergruppe 2 in die Ukraine. Damit beginnt die Schlacht um Kiew, die zur größten Kesselschlacht des Ostfeldzuges werden soll.

Die Heeresgruppe Mitte aber steht solange "Gewehr bei Fuß" und muß sich jetzt starker russischer Gegenangriffe erwehren, die niemand erwartet hat. Anfang September wird sogar der Frontbogen um Jelnja geräumt. Es ist der erste Rückzug deutscher Verbände im 2. Weltkrieg! Für die Heeresgruppe Mitte ist vorerst der Angriffskrieg zum Stellungskrieg übergegangen.

Mittlerweile ist der Herbst ins Land gezogen. Das OKH erkennt, daß die Zeit bereits gegen das deutsche Ostheer arbeitet und ordnet am 6. September die Vorbereitungen zur Wiederaufnahme der Offensive aus dem Raum Smolensk in Richtung Moskau an.

Es ist Sonntag, der 22. Juni 1941, als in der Morgendämmerung 3.15 Uhr Hunderte von Geschützen aller Kaliber zwischen der Grenze ostwärts von Suwalki und am Bug bei Wlodawa das Feuer auf russische Stellungen eröffnen. Die Offensive der Heeresgruppe Mitte nimmt ihren Anfang. . .

At dawn on Sunday, 22nd June, 1941, at 3.15 a. m. hundreds of guns open fire on Russian positions between the border east of Suwalki and the River Bug near Wlodawa. The offensive of „Central Army Group" is beginning. . .

Sobald die ersten Grenzstellungen durchbrochen sind, ergießt sich die Masse der motorisierten Truppen in die entstandenen Frontlücken, um Raum nach Osten zu gewinnen.

Die Infanteriedivisionen der 4. und 9. Armee setzen nach Überwindung des ersten Widerstandes an der Grenze zum Vormarsch nach Osten an. Ein Pionierstoßtrupp der 4. Armee (Bild oben) unterläuft weit auseinandergezogen das Abwehrfeuer, um eine Stellung am Waldrand nördlich von Brest anzugreifen. Weit voraus stehen inzwischen die Panzerdivisionen, um die russischen Armeen noch vorwärts von Minsk zu stellen. Die 7. Pz. D. (Bild unten) stößt aus dem Wald- und Sumpfgebiet der Puszca-Rudnika nach Wilna vor.

Infantry divisions of the 4th and the 9th Army overcome the first resistance at the border. An assault party of sappers runs into Soviet defence fire.
The 7th Armoured Division already pushing out of the forest of Puszca-Rudnika towards Wilna.

Nachdem die Truppen der russischen Heeresgruppe „West" ihre erste Überraschung überwunden haben, setzen sie den Angreifern erbitterten Widerstand entgegen. Die deutschen Soldaten müssen um jeden Ort ringen. (Bild oben:) Kampf um ein ostpolnisches Dorf am Rande des Urwaldes von Bialowies.

Battle for a village at the edge of the Bialowies virgin forest.

Die motorisierten Verbände der 2. und 3. Panzergruppe haben sich ihren Weg inzwischen nach Osten freigekämpft. Vorausabteilungen beider Panzergruppen erreichen bereits am 7. Tag die weißrussische Hauptstadt Minsk. Panzer und Kradschützen der 12. Pz. D. sind vom Norden her in die Stadt eingedrungen (Bild unten).

Advance armoured battle groups of the 2nd and 3rd Tank Group reach Minsk.

Schon die ersten Kriegstage stellen an die marschierenden Infanteristen hohe Anforderungen: Wald, Sumpf, Sand, Staub, unbarmherzige Sonnenglut und verzweifelter Feindwiderstand.

The first days of the war make heavy demands on the soldiers, especially on the infantrymen. Enemy resistance grows.

Es gilt, den weit vorausstehenden Panzerdivisionen „auf den Fersen" zu bleiben, um den Kessel um die drei russischen Armeen zwischen Minsk und Bialystock dicht zu machen.

The infantry walks itself nearly into the ground to try to close the huge pocket between Minsk and Bialystock.

Eine bespannte Batterie leichter Feldhaubitzen bezieht eine Bereitstellung an einem der einsamen Gehöfte Weißrußlands.

A horse-drawn battery of light field-howitzers move into concentrations at one of the lonely farms in White Russia.

Die russische Zivilbevölkerung wird von der Regierung zum „Heiligen Krieg der Verteidigung Rußlands" aufgerufen.

The Government calls the Russian civilian population to a „Holy War For the Defense of Russia".

Die Leistungen und Strapazen der Infanterie sind unvorstellbar. Sengende Hitze, beißender Staub, fehlender Nachschub sind die Kennzeichen der ersten Wochen der Offensive. Eine württembergische Infanteriekompanie nach kurzer Rast an einem Ziehbrunnen bei Sluzk.

We cannot imagine what the infantry went through: burning heat, irritating dust, and missing supplies are characteristic of the first weeks of the offensive. An infantry company from Wuerttemberg after a short break at a draw-well near Sluzk.

Die Panzerdivisionen gewinnen nach dem Niederkämpfen örtlichen Widerstands weiten Raum nach Osten. Schon am dritten Tag steht die Panzergruppe 2 fast 300 km ostwärts der Grenze. Wenn die Geländeverhältnisse günstig sind und Betriebsstoff vorhanden ist, lassen sich die motorisierten Kolonnen kaum aufhalten. Sie sind oft schneller als die nach Osten flüchtende Zivilbevölkerung , die bei Smolensk mit Hab und Gut versucht, den deutschen Panzern zu entkommen. (Bild unten).

After overcoming local resistance the tank divisions advance fast to the east. On the third day the Tank Group 2 is almost 300 kms east of the border. When the land is easily passable and there is enough fuel the motorized convoys are not to be stopped. They are often quicker than the civilian population fleeing to the east. The latter with their possessions try to escape from the German tanks. (Picture below)

Die rechte Flanke der Heeresgruppe Mitte bleibt ungeschützt, da die unwegsamen Pripjetsümpfe jede Bewegung von motorisierten Einheiten unmöglich machen. Eine Patrouille der 1. SS-Kavallerie-Brigade klärt in einem kleinen weißruthenischen Dorf auf.

The right flank of the Central Army Group is unprotected because the impassable Pripjet swamps prevent the motorized units from advancing. A patrol of the 1st SS-Cavalry Brigade reconnoitring in a small White-Ruthenian village.

Witebsk, der große Verkehrsknotenpunkt im nördlichen Abschnitt der Heeresgruppe, wird am 8. Juli von der 20. Pz. Div. besetzt.

Vitebsk, the big junction in the northern sector of the Army Group, is occupied by the 20th Tank Division on 8th July.

Sobald die Panzerdivisionen die
großen Wälder hinter sich ge-
lassen haben, stoßen sie in brei-
ten Keilen immer tiefer in das
Land vor. Dabei wird vorerst
keine Rücksicht auf Flanken-
deckung genommen. Die beglei-
tende Flakartillerie - im Vorder-
grund ein 8,8 cm-Geschütz - ist
dabei der stärkste Schutz.

The armoured divisions are
advancing in large frontlines
deep into the Russian coun-
ty. After the tanks follow
the well-known 88 mm anti-
aircraft-guns.

Während die Infanteriedivisionen
durch die überraschend harte Abwehr des Gegners aufgehalten
werden, stürmen die Panzerdivisionen ungeachtet ihres Flanken-
schutzes weiter. Hier die Über-
reste einer von der 3. Pz. D. an
der Szczara zusammengeschos-
senen russischen Batterie.

Without any flank protection
the German Tank Divisions dash
forward. The remains of a Russian battery destroyed by the
3rd Tank Division on the
Szczara.

ЗА РОДИНУ! ЗА ЧЕСТЬ! ЗА СВОБОДУ!

Пролетарии всех стран, соединяйтесь!

КРАСНАЯ АРМИЯ

ЕЖЕДНЕВНАЯ КРАСНОАРМЕЙСКАЯ ГАЗЕТА КИЕВСКОГО ОСОБОГО ВОЕННОГО ОКРУГА

№ 146 (3639) | 23 июня 1941 г., понедельник | год издания двадцать третий

Еще теснее сплотим свои ряды вокруг нашей славной большевистской партии, вокруг нашего советского правительства, вокруг нашего великого вождя товарища СТАЛИНА!

Рисунок художника А. Родионова.

Выступление по радио Заместителя Председателя Совета Народных Комиссаров Союза ССР и Народного Комиссара Иностранных Дел тов. В. М. МОЛОТОВА

22 июня 1941 года.

Граждане и гражданки Советского Союза!

Советское правительство и его глава тов. Сталин поручили мне сделать следующее заявление.

Сегодня, в 4 часа утра, без предъявления каких-либо претензий к Советскому Союзу, без объявления войны, германские войска напали на нашу страну, атаковали наши границы во многих местах и подвергли бомбежке со своих самолетов наши города — Житомир, Киев, Севастополь, Каунас и некоторые другие, причем убито и ранено более двухсот человек. Налеты вражеских самолетов и артиллерийский обстрел были совершены также с румынской и финляндской территории.

Это неслыханное нападение на нашу страну является беспримерным в истории цивилизованных народов вероломством. Нападение на нашу страну произведено, несмотря на то, что между СССР и Германией заключен договор о ненападении и советское правительство со всей добросовестностью выполняло все условия этого договора. Нападение на нашу страну совершено несмотря на то, что за все время действия этого договора германское правительство ни разу не могло предъявить ни одной претензии к СССР по выполнению договора. Вся ответственность за это разбойничье нападение на Советский Союз целиком и полностью падает на германских фашистских правителей.

Уже после совершившегося нападения в Москве посол Шуленбург в 5 часов 30 минут утра сделал мне, как Народному Комиссару Иностранных Дел, заявление от имени своего правительства о том, что германское правительство решило выступить с войной против СССР в связи с сосредоточением частей Красной Армии у восточной германской границы.

В ответ на это мною от имени советского правительства было заявлено, что до последней минуты германское правительство не предъявляло советскому правительству никаких претензий, что Германия совершила нападение на СССР, несмотря на миролюбивую позицию Советского Союза, и что тем самым фашистская Германия является нападающей стороной.

По поручению правительства Советского Союза я должен также заявить, что ни в одном пункте наши войска и наша авиация не допустили нарушения границы и поэтому сделанное сегодня утром заявление румынского радио, что якобы советская авиация обстреляла румынские аэродромы, является сплошной ложью и провокацией. Такой же ложью и провокацией является вся сегодняшняя декларация Гитлера, пытающегося задним числом состряпать обвинительный материал насчет несоблюдения Советским Союзом советско-германского пакта.

Теперь, когда нападение на Советский Союз уже совершилось, советским правительством дан нашим войскам приказ — отбить разбойничье нападение и изгнать германские войска с территории нашей родины.

Эта война навязана нам не германским народом, не германскими рабочими, крестьянами и интеллигенцией, страдания которых мы хорошо понимаем, а кликой кровожадных фашистских правителей Германии, поработивших французов, чехов, поляков, сербов, Норвегию, Бельгию, Данию, Голландию, Грецию и другие народы.

Правительство Советского Союза выражает непоколебимую уверенность в том, что наши доблестные армия и флот и смелые соколы советской авиации с честью выполнят долг перед родиной, перед советским народом, и нанесут сокрушительный удар агрессору.

Не первый раз нашему народу приходится иметь дело с нападающим зазнавшимся врагом. В свое время на поход Наполеона в Россию наш народ ответил отечественной войной и Наполеон потерпел поражение, пришел к своему краху. То же будет и с зазнавшимся Гитлером, объявившим новый поход против нашей страны. Красная Армия и весь наш народ вновь поведут победоносную отечественную войну за родину, за честь, за свободу.

Правительство Советского Союза выражает твердую уверенность в том, что все народы нашей страны, все рабочие, крестьяне и интеллигенция, мужчины и женщины отнесутся с должным сознанием к своим обязанностям, к своему труду. Весь наш народ теперь должен быть сплочен и един, как никогда. Каждый из нас должен требовать от себя и от других дисциплины, организованности, самоотверженности, достойной настоящего советского патриота, чтобы обеспечить все нужды Красной Армии, флота и авиации, чтобы обеспечить победу над врагом.

Правительство призывает вас, граждане и гражданки Советского Союза, еще теснее сплотить свои ряды вокруг нашей славной большевистской партии, вокруг советского правительства, вокруг нашего великого вождя тов. Сталина.

Наше дело правое. Враг будет разбит. Победа будет за нами.

УКАЗ
ПРЕЗИДИУМА ВЕРХОВНОГО СОВЕТА СССР

О мобилизации военнообязанных по Ленинградскому, Прибалтийскому Особому, Западному Особому, Киевскому Особому, Одесскому, Харьковскому, Орловскому, Московскому, Архангельскому, Уральскому, Сибирскому, Приволжскому, Северокавказскому и Закавказскому Военным Округам.

На основании статьи 49 пункта "л" Конституции СССР Президиум Верховного Совета СССР объявляет мобилизацию на территории Военных Округов — Ленинградского, Прибалтийского Особого, Западного Особого, Киевского Особого, Одесского, Харьковского, Орловского, Московского, Архангельского, Уральского, Сибирского, Приволжского, Северокавказского и Закавказского.

Мобилизации подлежат военнообязанные, рожденные с 1905 по 1918 год включительно.

Первым днем мобилизации считать 23 июня 1941 года.

Председатель Президиума Верховного Совета СССР М. КАЛИНИН
Секретарь Президиума Верховного Совета СССР А. ГОРКИН

Москва, Кремль. 22 июня 1941 г.

СВОДКА
Главного командования Красной Армии
За 22 июня 1941 года

С рассветом 22 июня 1941 года регулярные войска германской армии атаковали наши пограничные части на фронте от Балтийского до Черного моря и в течение первой половины дня сдерживались нашими войсками. Со второй половины дня германские войска встретились с передовыми частями полевых войск Красной Армии. После ожесточенных боев противник был отбит с большими потерями. Только в гродненском и кристынопольском направлениях противнику удалось достичь незначительных тактических успехов и занять местечки Кальвария, Стоянув и Цехановец, первые два в 15 км и последнее в 10 км от границы.

Авиация противника атаковала ряд наших аэродромов и населенных пунктов, но всюду встречала решительный отпор наших истребителей и зенитной артиллерии, наносивших большие потери противнику. Нами сбито 65 самолетов противника.

ПРИКАЗ
ВОЙСКАМ КИЕВСКОГО ОСОБОГО ВОЕННОГО ОКРУГА

22 июня 1941 г. № 2 гор. Киев

Фашистская Германия начала в 4 часа 22.VI.41 г. военные действия против нашей Социалистической Родины, несмотря на наличие договора о ненападении, без предъявления советскому правительству каких-либо претензий.

Руководство германского фашизма бросает против нашей страны свои войска, германские части вероломно нарушили нашу границу, их авиация бомбардировала ряд наших городов.

Вся ответственность за это разбойничье нападение на СССР, за германское фашистское правительство, которое спровоцировало нападение и начало вероломства.

Вероломный свой грабительский акт несет германскому народу, германским бойцам и командирам прогрессивных, трудящихся, гибель народа.

Партия и правительство поставили перед войсками Киевского особого военного округа почетную задачу — отбить нападение и уничтожить противника. Главный Комиссар Обороны приказал нашим силам и средствам обрушиться на вражеские силы и уничтожить их в районах, где они нарушили советские границы.

Товарищи красноармейцы, командиры и политработники, мы вели свято строжайшую войну, священный долг. Победоносная отечественная война нашего народа и всю армию уничтожит германский фашизм, несущий на своем знамени рабство, кровь, разрушения и несвободу.

За родину, за Хасан, Халхин-Гол, на защиту наших интересов и отечественного советского государства!

За нашу советскую родину, свободу и честь! Вперед, на врага! За нашу родину, за Сталина!

Командующий войсками КОВО генерал-полковник М. П. КИРПОНОС.

Члены Военного Совета КОВО Н. С. ХРУЩЕВ.
Корпусной комиссар Н. Н. ВАШУГИН.

Начальник штаба КОВО генерал-лейтенант М. А. ПУРКАЕВ.

Die Abbildung links zeigt die Ausgabe der russischen Armeezeitung „KRASNAJA ARMIJA" vom Tag nach dem Beginn des Ostfeldzuges.

Textübersetzungen der Überschriften:

Für die Heimat! Für die Ehre! Für die Freiheit!

Proletarier aller Länder, vereinigt Euch!

Die R O T E A R M E E . . .

Noch enger schließen wir die Reihen um unsere ehrenhafte bolschewistische Partei, um unseren sowjetischen Staat, um unseren großen Führer STALIN !

*   *   *

Rundfunkansprache des Stellvertretenden Vorsitzenden des Rates der Volkskommissare der UdSSR und Volkskommissars für Auswärtige Angelegenheiten Genosse V. M. Molotow
am 22. Juni 1941 zum Überfall der deutschen Truppen auf die Sowjetunion . . .

Bericht des Rates des Oberkommandos der Roten Armee vom 22. Juni 1942:
„Reguläre Truppen der deutschen Armee griffen am Morgen des 22. Juni unsere Grenztruppen auf einer Front von der Ostsee bis zum Schwarzen Meer an und wurden von ihnen in der ersten Tageshälfte aufgehalten . . ."

*   *   *

Erlaß
des Präsidiums des Obersten Sowjet der UdSSR . . .
(Unterschrift:)   M. Kalinin
                          A. Gorkin

Befehl
an die Soldaten des Kiewer Besonderen Militärbezirks . . .
(Unterschrift:)   Generaloberst
                          Kirponos
                          Kriegsrat N. S.
                          Chruschtschow

*   *   *

Photo on the left:
Appeal of the Russian Army newspaper „Krasnaja Armija" at the beginning of the campaign in the east.

Auf der Rollbahn in Richtung Orscha. Moskau ist noch weit. . .

On the track in the direction of Orscha. Moscow is still far away.

Im Panzer - keine Feindberührung - die Sehschlitze sind hochgeklappt.

Inside the tank - no enemy contact. The view slits are open.

Immer wieder greifen die Sowjets die vordringenden deutschen Verbände an. Oft mit dem
Mut der Verzweiflung und un-
terlegenen Panzertypen.

Time and again the Soviets
attack the advancing German
units. Often with desperate
courage and inferior tanks.

Von 3,7 cm Pak abgeschossener
russischer Panzerspähwagen.

Russian armour-plated scout car
shot by a 37 mm anti-tank gun.

Treffer auf einem russischen Panzer. Die Besatzung steigt aus! Jetzt bleibt nur noch die Gefangenschaft.

Direct hit on a Russian tank. The crew gets out - to become PoW.

An den brennenden Panzern vorbei geht die Infanterie vor.

The infantry thrusts forward passing burning tanks.

Erbeutetes schweres russisches Maschinengewehr. Einfach in der Konstruktion, nicht so schußschnell wie das deutsche MG, aber zuverlässig und unempfindlich. . .

A captured Russian heavy machine gun. Simply built - not as quick to fire as the German MG - but reliable and tough.

Die Luftflotte 2 unterstützt die Heeresgruppe Mitte in den ersten Monaten des Ostfeldzuges. Es sind zwei Fliegerkorps mit 3 Jagd-, 3 Stuka-, 2 Kampf-, 1 Zerstörer-, 1 Schlachtgeschwader, 2 Transport- und 1 Aufklärungsgruppe, die in den Juni- und Julitagen der russischen Luftwaffe schwere Verluste zufügen. Das Jagd-Geschw. 51 startet von einem Behelfsflugplatz unweit der Weichsel.

"Air Fleet 2" supports the "Central Army Group" in the early months of the Eastern Campaign.
Here the airfield of Fighter Group 51 near river Vistula.

Vom Flugzeug aus sieht man, daß das Land noch archaisch anmutet. Riesige Urwälder (wie hier bei Bialystock), weite Sandflächen und unermeßliche Steppen stellen die Stäbe der Heeresgruppe und Luftflotte vor schier unlösbare Probleme.

Here the airfield of Fighter Group 51 near river Vistula.

Feldmarschall Kesselring, Oberbefehlshaber der Luftflotte 2, trifft zur Besichtigung einer Kampffliegergruppe in Ostpolen ein.

Fieldmarshal Kesselring - commander-in-chief of „Air Fleet 2" - inspecting a fighter group.

Oberst Mölders, Kommodore des Jagd-Geschw. 51. übernimmt am 15. Juli den Befehl über alle deutschen Jagdflieger. Sein Geschwader ist maßgeblich am schnellen Vormarsch der Panzergruppe 2 beteiligt.

Colonel Mölders (commander of fighter group 51) takes over command of all German fighter pilots on 15th July.

Die Kesselschlacht zwischen Bialystock und Nowogrudek klingt am 5. Juli aus. Die russische Heeresgruppe „West" ist geschlagen. Die Zahl der Gefangenen wächst von Tag zu Tag. Doch trotz aller Verluste versteht es die russische Führung meisterhaft, eine zweite, eine dritte und eine vierte Verteidigungsstellung noch westlich von Smolensk zu erstellen.

In the pocket battle near Bialystock the Russian „West Army Group" was destroyed. Nevertheless the Russian leadership are able to build further defence positions west of Smolensk.

Der von Woche zu Woche stärker werdende Widerstand der neu auf dem Schlachtfeld aufgetauchten Truppen der „Roten Armee" zehrt mehr und mehr an den Kräften der deutschen Soldaten. Jede Marsch- oder Gefechtspause wird zum Schlafen ausgenutzt. Die sandigen Wege tun dazu noch ihr übriges, um Menschen, Tiere und Fahrzeuge im überhöhten Maße zu beanspruchen (Bild unten).

The tough Soviet resistance undermines the German soldiers' strength. Bad, sandy road conditions bog down vehicles within a short time.

Feldmarschall von Bock ist Oberbefehlshaber der Heeresgruppe Mitte. Er muß infolge schwerer körperlicher Belastungen am 17. 12. 1941 den Oberbefehl abgeben.

Fieldmarshal von Bock, commander-in-chief of „Central Army Group" has to retire on 17th December 1941.

General der Infanterie Strauss führt die aus dem südlichen Teil Ostpreußens angetretene 9. Armee.

General of Infantry Strauss commands the 9th Army which was originally located in East Prussia.

Generaloberst Hoth ist der Befehlshaber der Panzergruppe 3, die von Minsk aus bis zum Wop und Smolensk vorstößt.

General Colonel Hoth, commander-in-chief of Tank Group 3 advancing from Minsk to Smolensk.

Generaloberst Guderian, Befehlshaber der Panzergruppe 2, trifft unweit der Beresina mit dem **Kommandeur** der 3. Pz. D., Generalleutnant Model, zusammen. Beide Namen sind untrennbar mit der Geschichte der Heeresgruppe Mitte und der Panzerwaffe verbunden.

The commander-in-chief of Armoured Group 2, General Colonel Guderian, meets the commander of the 3rd Armoured Division Generalleutnant Model near the Beresina.

Feldmarschall von Kluge, Oberbefehlshaber der 4. Armee, bei Besichtigung im rückwärtigen Gebiet der 98. I. D. Kluge übernimmt im Dezember 1941 den Oberbefehl über die Heeresgruppe Mitte.

In December 1941 Fieldmarshal von Kluge (4th Army) takes over command of the „Central Army Group".

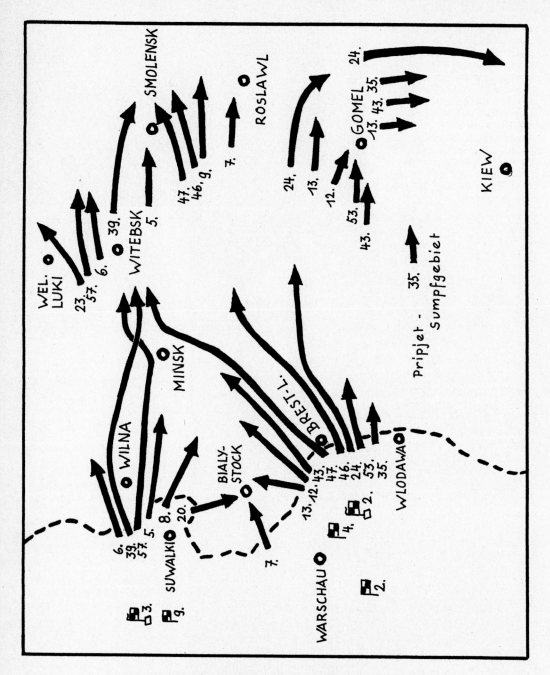

DIE DEUTSCHE OFFENSIVE IM SOMMER/HERBST 1941

Phase 1: Die im Schwerpunkt auf beiden Flügeln angesetzten Panzergruppen ermöglichen die Kesselschlacht zwischen Bialystock und Minsk. Damit sind die in Westrußland stehenden Armeen geschlagen.

Phase 2: Der frontale Angriff aller Korps stößt zwischen Welikije Luki und Roslawl auf erbitterten Widerstand und bleibt liegen. Die 2. Panzergruppe findet südlich Roslawl eine Lücke in der russischen Front und dreht nach Süden ein.

Phase 3: Das XXIV. Panzerkorps und die 2. Armee schwenken ganz nach Süden ab. Damit muß die Heeresgruppe beiderseits Smolensk stehenbleiben. Hier führt das russische Oberkommando immer neue Divisionen heran, die im Hinterland und im Vorfeld von Moskau den Ausbau von starken Verteidigungsanlagen ermöglichen.

Der Stab der russischen 19. Armee bei einer Befehlsausgabe nordwestlich Smolensk im August 1941. Links Generaloberst Konjew, der spätere Oberbefehlshaber der Heeresgruppe „Kalininer Front".

The Red Army:
Handing out of orders in the 19th Army near Smolensk in August 1941. On the left General Colonel Konjew.

Generalleutnant Rokossowskij, 3. von links, Oberbefehlshaber der 16. Armee bei Smolensk und Moskau. Er ist einer der talentiertesten Generale der „Roten Armee".

One of the most talented generals of the Red Army is Generalleutnant Rokossowskij, here commander-in-chief of the 16th Army (third from the left).

Der anhaltende Widerstand der russischen Truppe, die von Woche zu Woche stärker werdende Luftabwehr und die ungewohnten landschaftlichen Gegebenheiten ziehen besonders die technisch hochqualifizierte Luftwaffe in Mitleidenschaft. Ein auf einem Feld notgelandete „Ju-87" wird direkt aus einem Tankwagen mit neuem Betriebsstoff versorgt.

Improvisations have to be made all the time during the advance. A Ju-87 is refuelled in a field.

Ein Kampfflugzeug vom Typ „He-111", die von einem russischen Jäger gerammt wurde, hat mit Mühe und Not den eigenen Feldflugplatz erreicht.

A He-111, damaged by a Russian fighter, just manages to reach its airfield.

Lange Marschkolonnen, Infanterie und motorisierte Truppen, ziehen Ende September bei strahlendem Herbstwetter weit hinter der Front der Heeresgruppe in die Bereitstellungen für die neue Offensive zwischen Wolga im Norden und dem Sejm im Süden.

At the end of September, in glorious autumn weather, long route columns, infantry and motorized troops, move into concentrations far behind the Army Group for the new offensive between the Volga in the north and the Sejm in the south.

Die 2. Panzerarmee tritt zum „Unternehmen Taifun" bereits am 30. September an, um weit über Orel vorstoßend, den Schutz der rechten Flanke sicherzustellen. Bereitstellung von Panzern und Schützen im Raume Gluchow.

The 2nd Tank Army starts the „Operation Typhoon" on 30th September. Their aim is to advance far beyond Orel thus securing the right flank. Concentrations of tanks and guns in the Gluchov area.

Die Kampfstaffeln der Luftflotte 2 unterstützen noch einmal die zum Angriff angetretenen Armeen. Die Besatzung einer „He-111" vor dem Feindflug.

The combat squadrons of the Air Fleet 2 giving support to the armies which are again beginning their attack. The crew of an „He-111" before a mission.

Ein Nahaufklärer wirft eine Meldung über der Befehlsstelle des I. Flakkorps ostwärts von Smolensk ab.

A close reconnaissance plane dropping a message above the command post of the 1st Anti Aircraft Corps east of Smolensk.

Schon in den ersten Tagen der Offensive - der Himmel hat sich mittlerweile bewölkt, und Regen geht nieder - schließen die Panzertruppen bei Wjasma Teile von drei sowjetischen Armeen ein. Die Infanterie der 9. Armee versucht in pausenlosem Marsch, Anschluß an die Regimenter der 3. Panzerarmee zu halten, um die Kesselfronten zu verstärken.

In the first few days of the offensive - the sky has clouded over in the meantime and it is raining - the tank troops near Vjasma encircle parts of three Soviet armies. Marching without a break the infantry of the 9th Army tries to keep up with the regiments of the 3rd Army in order to strengthen the pocket front.

Die russische Propaganda läuft auf Hochtouren. Das Plakat ruft zum Kampf gegen die deutschen Okkupanten auf.

Russian propaganda is in full swing. The poster calls everybody to join in the fight against the German occupants.

Noch sind die kampferprobten deutschen Flugzeugbesatzungen den russischen Fliegerverbänden weit überlegen. Ein Stukaangriff hat genau die Brücke über den kleinen Fluß getroffen, während vorn die Behelfsbrücke ebenfalls Trefferwirkung zeigt. Dieser Rückzugsweg ist vorerst für den Gegner abgeschnitten!

Two bridges behind the Russian front are bombed by German dive-bombers.

Das Bodenpersonal der fliegenden Verbände nutzt die wenigen freien Stunden der sommerlichen Tage zu kleinen Annehmlichkeiten des Alltags aus. Ein Alltag, der allerdings dem „Landser" der Infanterie kaum geboten wird.

It is rare that the ground-staff of the airunits find time to relax.

Der Flankenschutz der Heeresgruppe nach Süden ist mittlerweile von den Divisionen der
2. Armee übernommen worden.
Diese Verbände dringen unter
unvorstellbaren Schwierigkeiten
frontal in das Pripjet-Sumpfge-
biet vor.

Phantastic difficulties have to be
overcome before the Pripjet
swamps can be crossed.

Eine kämpfende Truppe ohne
entsprechend gesicherten Nachschub ist in der Weite des Landes verloren. Baubataillone des
Heeres, des Reichsarbeitsdien-
stes und der Organisation „Todt"
bessern im Hinterland Straßen
und Wege aus, errichten Brücken
- wie hier unweit von Mogilew -
und legen Nachschubdepots an.

In the meantime battalions of
the Army, the Reich's Work
Force and the organization
„Todt" repair roads in the
interior.

Der Feldzug gegen die Sowjetunion stellt an die Soldaten beider Seiten hohe physische und psychische Ansprüche. Sei es, daß Pioniere die einsamen Waldschneisen in den Wäldern an der Düna nach Minen absuchen. . .

Sappers ahead clear the advance roads of mines.

. . . oder die Kanoniere einer 8,8cm-Flakbatterie bei Witebsk plötzlich absitzen müssen, um sich im Nahkampf gegen vordringende Rotarmisten zu wehren. . .

Gunners of a 88 mm anti-aircraft advancing near Witebsk.

. . . oder sich Kampfwagen mit nur wenigen Schützen als Begleitmannschaften allein durch die menschenleeren Ebenen der Nordukraine vorkämpfen.

Advanced tanks in battle in the expanse of the northern Ukraine.

Die deutschen Truppen sind im Juli und August im Vormarsch zur Beresina und zum Dnjepr. Es gilt, diese Flüsse schnell zu überwinden, bevor es dem Gegner gelingt, sich festzusetzen. Ein Infanteriebataillon überschreitet auf einer primitiven Behelfsbrücke einen schmalen Nebenarm des Dnjeprs unweit von Orscha.

During these weeks the German troops are expected to march enormous distances. Near Orscha an infantry battalion crosses an affluent of the River Dnjepr.

Die Radfahrschwadron einer Division setzt ihren Vormarsch über die gesprengte Beresinabrücke fort.

A cycle squadron crossing the Beresina.

Weißrußland liegt hinter den Kolonnen. Jetzt geht es durch Sand und Staub nach Zentralrußland.

They push their way through dust and sand into Central Russia.

Mitte Juli kommt es zur Schlacht um Smolensk. Zwölf russische Divisionen sind eingeschlossen. Die „Rote Armee" versucht verzweifelt, von außen diesen Kessel zu öffnen. Die Bevölkerung von Smolensk (Bild) kehrt nach Beendigung der Schlacht Mitte August in ihre zerstörte Stadt zurück.

In the middle of July 12 Russian divisions are encircled in the battle for Smolensk. The Red Army desperately tries to break into the pocket from the outside. Russian civilians escaping.

Die Schlacht um Smolensk hat die mittlere Front der Heeresgruppe für Wochen festgelegt. Es geht nicht weiter. Mittlerweile haben sich im Hinterland der Front die rückwärtigen Dienste eingerichtet. Der typische Schilderwald eines Etappenortes in Mittelrußland.

A typical forest of sign-posts in a base in Central Russia.

Der russische Soldat, der dieselben Leiden und Entbehrungen wie sein deutscher Gegner auf sich nehmen muß, zeigt sich härter und entschlossener, als man erwartet hat. Ein russisches Schützenregiment der 24. Armee im Gegenangriff auf eine Ortschaft unweit von Jarzewo.

Russian counter-attack near Jarzewo. The Soviet prove an increasingly tough and decisive adversary.

Russische Soldaten, teilweise unvollkommen ausgerüstet, werden von einem Politkommissar zum Gegenstoß bei Tschernigow vorgerissen.

A polit-commissar drags his soldiers forward to a counter-thrust near Tschernigow.

Die Verluste sind auf beiden Seiten gleich schwer, die Schmerzen sind dieselben. Russische Verwundete warten bei Jelnja auf ihren Abtransport durch kleine Sanitätsmaschinen.

The losses are equally bad on both sides - the pain is the same. Near Jelnja wounded Russians wait to be taken away in small ambulance planes.

Sanitätssoldaten und ukrainische Bäuerinnen verbinden einen schwerverwundeten deutschen Soldaten, der bei Unetscha in Gefangenschaft geriet.

Russian stretcher-bearers and Ukrain peasants give first aid to a badly wounded German soldier who was taken prisoner near Unetscha.

Die Heeresgruppe Mitte muß sich Anfang August auf ganzer Frontbreite zum Stellungskrieg einrichten, da ihr rechter Flügel in die Ukraine abgedreht ist. Die Gesichter der einfachen Soldaten (Bild oben) und der Offiziere (Bild unten) der Infanteriedivisionen drücken die Erbarmungslosigkeit der Kämpfe aus.

At the beginning of August „Central Army Group" prepares for defensive action - since its right wing has turned towards the Ukraine to fight the pocket–battle for Kiew.

DAS UNTERNEHMEN "TAIFUN"

September - Oktober 1941

Das Oberkommando des Heeres erkennt im Frühherbst 1941 mit aller Deutlichkeit, daß trotz der erfolgreich verlaufenden Kesselschlacht um Kiew eine Entscheidung im Osten längst nicht in Sicht ist. Da jeden Tag mit dem Einbruch der Regenperiode zu rechnen ist, muß jetzt ein Entschluß gefaßt werden, bevor die weiteren Operationen im Schlamm und später im Schneematsch ersticken.

Der Oberbefehlshaber des Heeres und seine Generalstabsoffiziere drängen Hitler und das Oberkommando der Wehrmacht immer nachdrücklicher, neue Pläne zu gestatten. Hitler entschließt sich nur zögernd, die Hauptstoßrichtung der neuen Herbstoffensive auf Moskau zielen zu lassen. Gleichzeitig aber befiehlt er, daß die Heeresgruppe Nord weiter im Angriff zur Abschnürung von Leningrad verbleibt und die Heeresgruppe Süd bis auf die Krim vorstoßen soll.

Damit läuft die deutsche Offensive nicht mehr konzentrisch - sondern diametral. Die Offensive läuft "auseinander".

Die Heeresgruppe Mitte muß praktisch zur Fortführung ihres Angriffes auf Moskau mit den Truppen auskommen, die ihr gerade zur diesem Zeitpunkt zur Verfügung stehen. Lediglich die Panzergruppe 4 (Generaloberst Hoepner) wird von der Leningradfront abgezogen und in den Mittelabschnitt verlegt. Sie hat im Rahmen der 4. Armee frontal gegen die russische Hauptstadt vorzugehen.

Das OKW erläßt am 6. September 1941 die erste Weisung, die sich mit dem Wiederantreten der Heeresgruppe Mitte befaßt:

> "Die Anfangserfolge gegen die zwischen den inneren Flügeln der Heeresgruppe Süd und Mitte befindlichen Feindkräfte haben im Hinblick auf die fortschreitende Einschließung des Raumes von Leningrad die Grundlage für die entscheidungssuchende Operation gegen die Heeresgruppe Timoschenko geschaffen. Sie muß in der bis zum Einbruch des Winterwetters verfügbaren befristeten Zeit vernichtend geschlagen werden. Hierzu soll die Heeresgruppe Mitte möglichst bald angreifen mit Auftrag, den Feind ostwärts Smolensk in doppelter Umfassung in Richtung Wjasma zu schlagen, starke Panzerkräfte auf beiden Flügeln. Erst nach dieser Einkreisungsoperation wird die Heeresmitte zur Verfolgung Richtung Moskau - rechts angelehnt an die Oka, links angelehnt an die obere Wolga - anzutreten haben."

Das Heeresgruppenkommando muß nun angesichts der äußerst befristeten Zeit seine im dauernden Abwehrkampf stehenden Divisionen für die neue Operation gliedern. Verlegungen werden durchgeführt, Nachschubdepots errichtet, Knüppeldämme und Straßen gebaut und die wenigen Reserven zugeführt, die in diesem Zeitpunkt das

OKH zur Verfügung stellen kann. Die Infanteriedivisionen, die nach fast 1200 km Marschleistungen unter dauernden Kämpfen erschöpft sind, erhalten nicht mehr die notwendige Ruhe zur Auffrischung. Die motorisierten und Panzertruppen haben z. T. bis zu 60 % Ausfall an Fahrzeugen zu beklagen. Eine Neuzuführung von Panzern ist aber nicht möglich!

Die Heeresgruppe stellt sich mit ihren 46 Infanterie-, 14 Panzer-, 8 motorisierten Divisionen und zwei selbständigen motorisierten Brigaden von Nord nach Süd mit 9. Armee, der die Panzergruppe 3 unterstellt bleibt, auf. Die 4. Armee schließt mit unterstellter 4. Panzergruppe an. Nach Süden deckt die 2. Armee ab, an deren rechten Flügel die selbständig operierende Panzergruppe 2 sich für den Angriff umgliedern muß. Da diese Panzergruppe nicht nur aus der Bewegung heraus angreifen muß - sie befindet sich noch auf dem Schlachtfeld von Kiew - sondern auch gleichzeitig die weite Südflanke der Heeresgruppe zu sichern hat und mit starken Kräften nach Nordosten vorstoßen soll, kommt ihr eine besondere Bedeutung zu. Diese wichtige Aufgabe kann sie allerdings auf Grund ihrer derzeitigen Ausrüstung niemals erfüllen.

Die Luftflotte 2, die nach wie vor die Heeresgruppe Mitte unterstützt, wird durch das von Leningrad kommende VIII. Fliegerkorps und das aus der Ukraine heran-transportierte II. Flakkorps verstärkt. Es zeigt sich nämlich, daß sich die russische Luftwaffe von den ersten vernichtenden Schlägen mehr und mehr erholt, und von Woche zu Woche stärker und besser wird.

Der Chef des Generalstabes des Heeres trifft am 24. September im Hauptquartier der Heeresgruppe in Smolensk ein, um die letzten Besprechungen für die neue Offensive zu führen. Zwei Tage später erläßt Feldmarschall von Bock den Angriffsbefehl für das Unternehmen "Taifun".

Die Rote Armee hat die letzten Wochen nicht ungenutzt verstreichen lassen. Das russische Oberkommando hat aus den Tiefen der Sowjet-Union neue Verbände herangeführt, darunter rollen die ersten sibirischen Einheiten an. Die Masse dieser neuen Truppen wird im Raum westlich von Moskau stationiert, um die hier in fieberhafter Arbeit entstehenden Verteidigungsriegel zu besetzen.

In Moskau selbst wird der Belagerungszustand ausgerufen. Die Stadt wird in Verteidigungszustand versetzt. Die Bevölkerung muß unter Leitung der Kommunistischen Partei einen riesigen Schutzwall errichten. Täglich arbeiten 100.000 Männer, Frauen und Jugendliche der Moskauer Betriebe und Organisationen an der Fertigstellung dieser Verteidigungsanlage. In wenigen Wochen entstehen im Westen der russischen Metropole und an ihrer Stadtgrenze kilometerlange Panzergräben, Schützenstellungen und Barrikaden. Die ersten kriegswichtigen Industrieunternehmen werden nach Sibirien evakuiert. Die ausländischen Missionen und die eigene Regierung verlegen nach Kuibyschew. Aus dem Mausoleum auf dem "Roten Platz" wird der einbalsamierte Leichnam Lenins nach Osten transportiert.

Die "Rote Armee" stellt inzwischen von Nord nach Süd die 22., 29., 30., 19., 16., 20., 24., 43., 50., 3., 13. und 40. Armee zur Verteidigung bereit!
Am 30. September ist es soweit. Die Panzergruppe 2 tritt unter Generaloberst

Guderian aus dem Raum Gluchow zum Angriff an. Die ersten russischen Verteidigungsstellungen werden von den Panzerdivisionen rasch überrannt und durchstoßen. Der rechte Flügel der Heeresgruppe Mitte hat sich damit Bewegungsfreiheit erkämpft.

Zwei Tage später beginnt das Unternehmen "Taifun".
Die Schlacht um Moskau nimmt ihren Anfang.

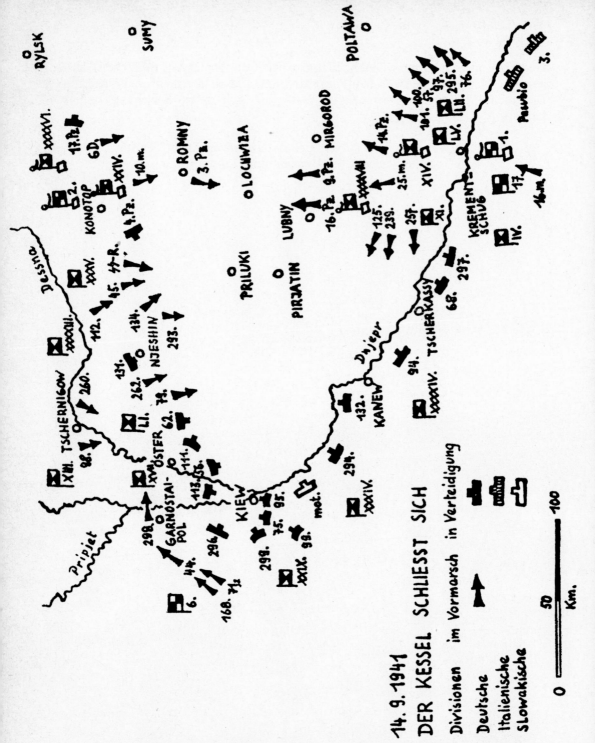

Die Schlacht um Kiew (August/September 1941) bringt für die Heeresgruppe Mitte den endgültigen Übergang zum Stellungskrieg. Die Übermacht der gegenüberliegenden russischen Armeen wird von Tag zu Tag gewaltiger. Die eigenen Verluste wiegen schwer, da kaum entsprechender Ersatz nachkommt. Der Frontbogen um Jelnja muß sogar geräumt werden, um Kräfte einzusparen.

The battle for Kiew means the beginning of trench warfare for the „Central Army Group". Even the front sector around Jelnja has to be given up.

Moskau - das hochgesteckte Ziel, für das die Heeresgruppe Mitte am 22. Juni angetreten ist - liegt im September 1941 in noch weiter Ferne.

In September 1941 the target of „Central Army Group" - Moscow - is still far away.

Die deutsche Luftwaffe fliegt noch in der ersten Phase
der Offensive vereinzelte Angriffe auf die russische
Hauptstadt, die allerdings ohne ersichtliche Wirkung
bleiben.

At this time the German Air Force undertakes only
individual, mostly ineffective attacks on the Russian
capital.

Moskau selbst wird Anfang September in Verteidigungszustand gesetzt. Flakbatterien übernehmen
den Luftschutz der Stadt.

In early September the Russians begin to prepare
Moscow for its defence. Countless anti-aircraft
batteries provide protection for the planes.

Rund um Moskau entstehen Verteidigungsanlagen von riesigem Ausmaß. Die Führung der „Roten Armee" und der KPdSU mobilisieren Baubataillone aus Fabrikarbeitern, Jugendlichen und Frauen, die innerhalb von wenigen Wochen 361 km Panzergräben, 366 km Panzersperren, 106 km Höckerhindernisse, 611 km Drahtverhau westlich von Moskau erstellen. In der Stadt selbst sind 30 km Betonhöcker, 10 km Barrikaden und 19.000 spanische Reiter aufgestellt.

Gigantic defence systems are set up around Moscow. The Soviets mobilize factory workers, young people and women. Within a few weeks they have built 361 km of tank ditches, 366 km of tank blocks and 101 km of tank traps.

Moskau gleicht in den **Septembertagen** bereits einer belagerten Festung. Spanische Reiter, aus Eisenbahnschienen erstellt, sperren alle Ausgangsstraßen.

Now Moscow resembles a besieged fortress. All roads are blocked.

Ein Panzerhindernis bei Naro-Fominsk, der letzten großen Stadt westlich von Moskau.

A tank trap near Naro-Fominsk, the last big city west of Moscow.

Die Luftflotte 2 wird im Spätsommer 1941 von den russischen Luftstreitkräften in die Defensive gedrängt. Während die Russen am 7. September bereits doppelt so viel Jagdflugzeuge haben als die Deutschen, nimmt die Zahl ihrer Kampfmaschinen von Woche zu Woche zu. Die Bilder zeigen Kampfflugzeuge der Luftflotte 2 über dem Flußgebiet des Dnjepr.

Meanwhile the Russian air force has recovered from the first attacks by German fighters. The Russians now have twice as many fighter planes as the Germans. German planes are shown here over the Dnjepr area shortly before they attack.

Die Masse der Luftflotte 2 ist
im September auf Zusammenarbeit mit der Panzergruppe 2
angewiesen, die tief in die
Ukraine vorstößt. Deutsche
Jäger und Kampfflugzeuge über
vorrollenden Verbänden des
XXIV. Panzerkorps.

At this very moment the air
force has to support the German
tank divisions (Tank Group 2)
which are penetrating far into
the Ukraine.

Moskau wird in diesen Wochen
von deutschen Luftangriffen
verschont. Die Russen finden
Zeit, starke Flakstellungen ein-
zurichten. Hier ein leichtes Flakgeschütz auf einem Kasernenhof.

For this reason Moscow is spared
air-raids for a few weeks. The
Soviets have time to set up
further anti-aircraft batteries.

Deutsche Luftangriffe haben seit Beginn des Feldzuges dem Gegner zwar große Schäden zugefügt. Es ist aber
nicht gelungen, seine Widerstandskraft zu lähmen. Ein gut liegender Bombenwurf an einer Brücke am Ssosh.

German planes attacking a bridge over the Ssosh River.

Schwere Schäden sind an Gleisanlagen angerichtet, die allerdings später lange Zeit beanspruchen, bevor sie von
deutschen Eisenbahnpionieren wieder intakt gebracht werden können. Das Bild eines zerstörten Vorortbahnhofs
von Kursk.

During the summer advance the German air force successfully destroyed Russian railroads in the hinterland which
now have to be rebuilt by German railroad engineers. Suburban station of Kursk.

Deutsche Luftangriffe haben den russischen Städten große Verluste zugefügt. Lodernde Brände wie hier bei Wjasma erleuchten die kühler werdenden Herbstnächte.

Wjasma, like countless other cities, suffers serious damage after a heavy air raid.

Ein über Moskau abgeschossenes deutsches Kampfflugzeug wird der Bevölkerung zur Schau gestellt.

A shot-down German plane is shown to Russian civilians in Moscow.

Die Zivilbevölkerung, Frauen und Kinder, Greise und
Kranke, tragen wie eh und je und wie in allen Kriegen
die Auswirkungen der Kämpfe und bringen die
schwersten Opfer.

In this as in all wars the people who suffer most are
the civilians, women, children, the old and sick.

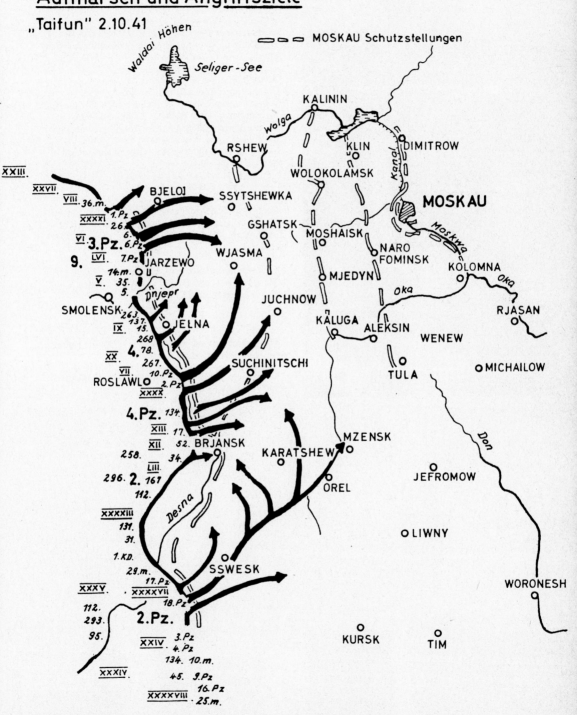

Aufmarsch und Angriffsziele

„Taifun" 2.10.41

⊂⊃ ⊂⊃ ⊂⊃ MOSKAU Schutzstellungen

Waldai Höhen

Seliger-See

KALININ

Wolga

RSHEW

KLIN

DIMITROW

WOLOKOLAMSK

Kanal

MOSKAU

XXIII.

XXVII.

VIII. 36.m.

XXXXI. 1.Pz.

26.

VI. 3.Pz. 6.

9. 6.Pz.

LVI. 7.Pz.

14.m.

V. 35.

5.

SMOLENSK 263.

137.

IX. 15.

268.

XX. 4. 78.

VII. 267.

ROSLAWLO 10.Pz.

XXXX 2.Pz.

4.Pz. 134.

XIII. 17.

XII. 52.

258. 34.

296. 2. 167.

112.

XXXXIII 131.

31.

1.KD.

29.m.

XXXV. 17.Pz.

XXXXVII 18.Pz.

112. 2.Pz.

293.

95. XXIV. 3.Pz.

4.Pz.

134. 10.m.

45. 9.Pz.

16.Pz.

XXXXVIII 25.m.

XXXIV.

BJELOJ

SSYTSHEWKA

GSHATSK

MOSHAISK

NARO FOMINSK

KOLOMNA

JARZEWO

WJASMA

MJEDYN

Oka

Dnjepr

JELNA

JUCHNOW

KALUGA

ALEKSIN

WENEW

Oka

RJASAN

MICHAILOW

SUCHINITSCHI

TULA

BRJANSK

KARATSHEW

MZENSK

Desna

OREL

JEFROMOW

Don

LIWNY

SSWESK

WORONESH

KURSK

TIM

Maskwa

Das Oberkommando des Heeres erkennt Anfang September, daß Moskau noch in diesem Jahr genommen werden muß, wenn der Krieg im Osten vor dem Winter beendet werden soll. Es befiehlt der Heeresgruppe, Vorbereitungen für eine neue Offensive zu treffen. Die bisher im Raum um Leningrad kämpfende Panzergruppe 4 wird dazu in den Mittelabschnitt zugeführt.

At the beginning of September the Army Supreme Command realizes that Moscow has to be taken before the beginning of the winter of that year, if the campaign in the East is to come to an end. Therefore the „Central Army Group" is commanded to prepare a new offensive. The Tank Group 4 which had so far been fighting around Leningrad is now ordered to the middle sector.

Generaloberst Hoepner, Befehlshaber der Panzergruppe 4. Hinter ihm General d. Pz. Truppen Reinhardt, Kommandierender General des XXXXI. Panzerkorps.

Colonel General Hoepner, commander-in-chief of Tank Group 4, and behind General Reinhardt (XXXXI. Armoured Corps)

Von Leningrad und vom Ilmensee rollen die Kolonnen der Panzergruppe nach Südosten.

Columns of Tank Group 4 moving from Leningrad and Ilmensee to the south-east.

Panzergrenadiere - im Hintergrund ein schwerer Schützenpanzer - rücken in ihre neuen Bereitstellungsräume, während in den neu angelegten Nachschublagern (Bild unten) Panzermunition gestapelt wird. Im Bild rechts ein zerstörter russischer Straßenpanzer.

Armoured infantry with heavy armoured troop carriers in position. Piled up tank ammunition in supply camps.

Die Heeresgruppe muß ihre Armeen und Korps für die neue Offensive - die den Decknamen „Taifun" trägt - umgruppieren. Wieder befinden sich die Infanterie-kompanien auf dem Marsch, diesmal hinter der Front von Nord nach Süd oder von Süd nach Nord.

The „Army Group" has to reform it armies and corps for the new offensive. Infantry divisions march behind the front from north to south or south to north.

An vielen Stellen der Front beginnt jetzt schon der
Stellungskrieg. Bunker werden gebaut. Der Landser
des Jahres 1941 kriecht in die Erde, genau wie es
die Väter im 1. Weltkrieg getan hatten.

Trench warfare breaks out on some front sectors.
Bunkers are being built. The soldier of 1941 crawls
into the ground as his father did during World War I.

Reserven aus der Heimat und aus Frankreich werden in den Abschnitt der Heeresgruppe geworfen.

Reserven from Germany and France arrive.

Die russische Führung erkennt den deutschen Aufmarsch. Ein Politkommissar beim Unterricht in einem Abschnitt bei Brjansk.

The Russian leaders have long since known about the deployment.

Die 2. Panzerarmee (am 5. 10. dazu umbenannt) beginnt bereits am 30. September die Offensive beiderseits Gluchow.

On 30th September the 2nd Tank Army begins the new offensive on both sides of Gluchow.

Die in den vergangenen Monaten
bewährten Panzerkorps des
Generalobersten Guderian durchstoßen im ersten Anlauf die
russischen Verteidigungsstellungen und dringen an Karatschew
vorbei (Bild rechts) auf der einzigen Straße nach Orel (Bild
unten) vor.

**The well-tried armoured corps
of Colonel General Guderian
immediately break through the
Russian positions near Karatschew and force their way
through to the Orel road
(below).**

Hitler erläßt am 2. Oktober einen Aufruf an die Soldaten. Das schicksalhafte Unternehmen „Taifun" beginnt.

On 2nd October Hitler makes an appeal to the soldiers: Operation „Typhoon" is underway.

Panzer und Schützen der 4. Panzerarmee stoßen schon am ersten Tag weit über die Dessna. Damit ist die russische Verteidigung südlich Wjasma ebenfalls zusammengebrochen.

On the first day tanks and gunners of the 4th Tank Army advance far beyond the Dessna thus destroying Russian defences south of Wjasma.

Die Divisionen der 2., 4. und 9. Armee wetteifern den Panzertruppen nach. Die 134. I. D. (Bild) setzt im Süden der Angriffsfront über einen Flußlauf.

By marching enormous distances the divisions of the 2nd, 4th and 9th Armies pursue the advancing tanks.

Infanteristen finden Platz auf einem Sturmgeschütz. Es ist, als wenn die deutsche Offensive wieder so rollen würde wie in den Sommertagen.

It seems as if the German offensive is on the move again as at the beginning of the campaign.

Eintragung im persönlichen Kriegstagebuch des

Chefs des Generalstabes des Heeres am 2. 10. 1941

Der Angriff „Taifun" ist mit Wucht angetreten und ist im erfreulichen Fortschreiten. Guderian hat den Eindruck, daß er den gegenüberstehenden Feind voll durchbrochen hat. Seine Mitte ist im Rollen auf Orel.

2. Armee hat harte Kämpfe gehabt, um über die Dessna zu kommen. Sie hat den Übergang erzwungen und den Feind auf 5 km zurückgeworfen.

Panzergruppe 4 ist durchgebrochen, hat den Feind zersprengt und ist etwa 15 km tief in den Feind hineingestoßen.

4. Armee überall erfolgreich im Vorgehen. Durchschnittlich etwa 6 - 12 km.

Hoth und 9. Armee sind sehr gut vorwärts gekommen bis zu 20 km in den Feind hinein. . .

Entry in the personal war diary of the chief of the

General Staff of the Army on 2. 10. 1941

The attack „Typhoon" has started powerfully and is progressing satisfactorily. Guderian believes that he has fully broken the enemy opposite him. His center is on the move towards Orel.

The 2nd Army underwent heavy fighting but eventually managed to cross the Dessna and repuke the enemy by about 5 kms.

„Tank Group 4" has broken through, dispersed the enemy and has penetrated 15 kms into the enemy lines.

The 4th Army successful everywhere in its advances, on average 6 - 12 kms.

Hoth and the 9th Army have progressed very well up to 20 kms into the enemy lines. . .

DOPPELSCHLACHT VON BRJANSK UND WJASMA

2. - 19. Oktober 1941

Hitler erläßt am Vorabend des Unternehmens "Taifun" einen Tagesbefehl, der in überheblichen Worten verkündet:

> "Die letzte große Entscheidungsschlacht dieses Jahres wird diesen Feind ... vernichtend treffen! ..."

Strahlendes Herbstwetter liegt über dem russischen Land, als im Morgengrauen des 2. Oktober 1941 die Kampfstaffeln der Luftflotte 2 starten und die Geschütze aller Armeen ihr Feuer auf die erkannten Stellungen der russischen Truppen eröffnen. So weit das Auge reicht sind die russischen Gräben und Verteidigungsriegel eingehüllt in Rauch und Fontänen der einschlagenden Granaten. Im Süden stoßen die Panzer der 2. Panzerarmee tief in den Gegner hinein, zersprengen die 13. sowjetische Armee und erreichen die Straße nach Orel, das am 4. 10. besetzt wird.

Die links benachbarten Infanteriedivisionen der 2. Armee treffen jedoch auf äußerst starke russische Kräfte und kommen vorerst nicht weiter. Die im Zentrum angreifende 4. Armee mit unterstellter 4. Panzerarmee überwindet die Dessna und treibt ihre Panzerdivisionen bis 30 km nach Osten. Der linke Flügel der Heeresgruppe - 3. Panzerarmee und 9. Armee - gelangt auf breiter Front über den Wop und erreicht am zweiten Tag der Schlacht den Dnjepr.

Der geringste Widerstand zeigt sich vor der 2. Panzerarmee. Die Korps verbleiben im zügigen Angriff, nehmen Karatschew und am 6. Oktober Brjansk. Damit stehen sie im Rücken der verteidigenden russischen Armeen! Der Gegner muß hier bereits nach drei Seiten fechten. Der Kessel bei Brjansk entsteht. Teile der 3., 13. und 50. russischen Armee sind kurz danach eingeschlossen.

Der deutsche Panzerdurchbruch im Norden ist inzwischen ebenfalls gelungen. Die Divisionen der 4. Panzerarmee stoßen über Juchnow auf Wjasma vor und stehen ebenfalls am 6. Oktober weit hinter der sowjetischen Front. Als am selben Tag vom Norden her die Vorausabteilungen der 3. Panzerarmee auftauchen, schließt sich um Wjasma ein zweiter Kessel! Hier werden Teile der 16., 19., 20. und 32. Sowjetarmee eingeschlossen.

Das OKH glaubt, daß die Schlacht bereits gewonnen ist und befiehlt deshalb am 7. Oktober den Ansatz auf weitgesteckte Ziele. Die 2. Panzerarmee wird nach Tula befohlen, die 2. Armee hat den Kessel um Brjansk zu bereinigen, 4. Armee und 4. Panzerarmee müssen Moskau frontal angehen, während 9. Armee und 3. Panzerarmee auf Kalinin und Rshew vorzugehen haben.
Damit ist die gesamte Heeresgruppe auf breiter Front im Angriff.
Doch nirgendwo ist ein Schwerpunkt erkennbar.
Ein operativer Ansatz, der sich schon in Kürze verheerend auswirken wird!
Die sowjetische Führung antwortet postwendend mit rigorosen Gegenmaßnahmen.

Armeegeneral Schukow, der aus Fernasien kommt, übernimmt am 8. Oktober den einheitlichen Befehl über die "Rote Armee" westlich von Moskau. Er gruppiert seine Armeen sofort um und setzt sie zu konzentrischen Gegenstößen an. Gleichzeitig werden die Divisionen des Moskauer Militärbezirks in die Front eingeschoben und aus Zentralrußland und Sibirien Ersatz- und Reservedivisionen nach Moskau transportiert. In den Städten wird die Miliz aufgerufen. Alle Orte, jedes kleine Dorf, jede Siedlung werden zu Bollwerken ausgebaut.

In diesen Tagen verschlechtert sich das Wetter zusehends. Bereits am 6. 10. fällt der erste Schnee, der allerdings schon nach kurzer Zeit in Schlamm übergeht. Und der Schlamm hindert bald alle motorisierten Verbände am Vorwärtskommen. Im knietiefen Morast werden die Bewegungen der Truppe immer langsamer. Die Panzerdivisionen müssen sich schließlich zur Verteidigung einrichten.

Weit hinter den vorgeprellten motorisierten Einheiten toben die Kämpfe in den beiden Kesseln von Wjasma und Brjansk. Der Brjansker Kessel spaltet sich zum erstenmal am 8. Oktober. Die eingeschlossenen Kräfte der "Roten Armee" werden voneinander getrennt und einzeln niedergerungen. Schon am 15. Oktober gibt es keinen Kessel bei Brjansk mehr, sondern nur noch Reste von hartnäckig kämpfenden russischen Verbänden, die ohne einheitliche Führung um ihr nacktes Dasein ringen.

Dasselbe Bild zeigt sich im Norden bei Wjasma. Hier läßt der Widerstand der Eingeschlossenen merklich nach. Schon am 19. Oktober meldet der Bericht des OKW:

> "Wie durch Sondermeldung bekanntgegeben, ist die Doppelschlacht von Brjansk und Wjasma siegreich beendet."

Die russische Führung erkennt mit Schrecken ihre Niederlage und den Verlust der Masse von sieben Armeen. Die Regierung verhängt am 19. Oktober über Moskau den Belagerungszustand. Damit ist Moskau Frontstadt geworden! Armeegeneral Schukow erläßt seinerseits einen Aufruf an die Soldaten und an die Bevölkerung, der mit den Worten schließt:

> "Das Vaterland ruft uns auf, einen unüberwindlichen Wall aus unseren Leibern zu bilden!"

Trotzdem frißt sich der deutsche Angriff langsam nach Osten voran. Weit im Norden erreichen die Vorausabteilungen der 1. Panzerdivision in einem abenteuerlichen Raid, in einer Nachtfahrt, oft mitten unter fliehenden russischen Kolonnen Kalinin. Die Wolga ist erreicht. Südlich davon kämpfen sich die Divisionen auf Mohaisk, Wolokolamsk und Gshatsk vor. Die im Süden angesetzten Kampfgruppen mühen sich durch Schlamm und Schnee bis nach Tula.

Doch vom 26. Oktober geht es an keinem Abschnitt der Front zwischen Rshew und Tula mehr voran. Die Bewegungen sind im tiefen, zähen Schlamm zum Stillstand gekommen. Die Truppe ist erschöpft.

Moskau liegt noch in weiter Ferne.

Die Panzerarmeen haben an allen Abschnitten am ersten Tag der neuen Offensive die Stellungen des Gegners durchstoßen. Die Panzerarmee des Generalobersten Hoth gewinnt am zweiten Tag den Dnjepr. Daraufhin drehen die Divisionen nach Süden ein und erreichen durch dichte Wälder die Autobahn nach Wjasma (Bild unten). Von Süden her haben sich die Kräfte des Generalobersten Hoepner genähert, die über Mosalsk ebenfalls bis zur Autobahn kommen. Damit ist der Kessel um drei russische Armeen geschlossen!

The duel-battle of Brjansk and Wjasma. On the first day of the new offensive the German tank armies have broken through the enemy lines in all sectors and reached the Dnjepr. Then the divisions turn south. General-oberst Hoepner's soldiers are approaching from the south, thus closing the pocket round three Russian armies.

Die Panzerdivisionen des Generalobersten Guderian sind im Süden der Angriffsfront nach ihrem Durchbruch fächerförmig ausgeschwärmt. Während das XXIV. Panzerkorps im Angriff über Orel nach Osten verbleibt und das XXXXVIII. Panzerkorps zum Schutz der Südflanke abdreht, stürmt das XXXXVII. Panzerkorps nach Norden (Bild oben und unten), dringt am 6. Oktober in Brjansk ein und schließt einen zweiten Kessel.

Colonel General Guderian's armoured divisions have fanned out after the breakthrough. On 6th October the XXXXVIIth Tank Corps penetrates Brjansk and closes a second pocket.

Sobald die Infanteriedivisionen heran sind, drehen die Panzer nach Osten ab.

As soon as the infantry divisions arrive, the tanks turn east again.

Die Infanteriekräfte der 2., 4. und 9. Armee folgen so schnell es geht. Der Dnjepr ist erreicht. Pioniere setzen Kradschützen einer Aufklärungsabteilung über den Fluß.

Now the infantry has also reached the Dnjepr. The sappers put a reconnaissance detachment across the river.

Der Schrecken des Krieges bricht wiederum auf die in ärmlichen Verhältnissen lebende Zivilbevölkerung herein. Doch bald sind die Trecks von deutschen Panzern eingeholt. Die Flüchtlinge drehen um. . .

The civilian population encounters the horrors of war. Many flee to the east, but are soon overtaken by German tanks. The refugees turn back.

Viele kehren in ihre zerstörten Dörfer zurück. Ein Feldgendarmerieposten kontrolliert ein Bauerngefährt.

Often their villages are destroyed.

Kurz nach Abflauen der Kämpfe verlassen viele Zivilisten ihre Schlupfwinkel, um in ihre Häuser zurückzukommen.

When the fighting dies down, the civilians leave the woods to return to their homes.

Ein Straßenbild aus Wjasma, das die 10. Pz. D. am 6. Oktober eingenommen hat.

On 6th October the 10th Armoured Division succeeds in conquering Wjasma.

Teile der 9. und der 4. Armee umschließen zwischen Jarzewo und Wjasma vier russische Armeen. Die Gegner versuchen, in verzweifelten Angriffen gegen die dünne deutsche Front nach Osten auszubrechen. Ein Infanterie-geschütz der 292. I. D. feuert im direkten Schuß auf eine russische Kraftwagenkolonne bei Jelnja (oben).

The encircled Russian armies try to break out to the east. Infantry guns of the 292nd Infantry Division firing at columns of Russian motor-vehicles near Jelnja.

Die 2. Armee übernimmt den Schutz des bei Brjansk entstan-denen Kessels. Männer der 262. I. D. erwarten bei Kromy einen russischen Angriff (unten).

Soldiers of the 262nd Infantry Division near Kromy waiting for the Russians to try to break out of the encirclement.

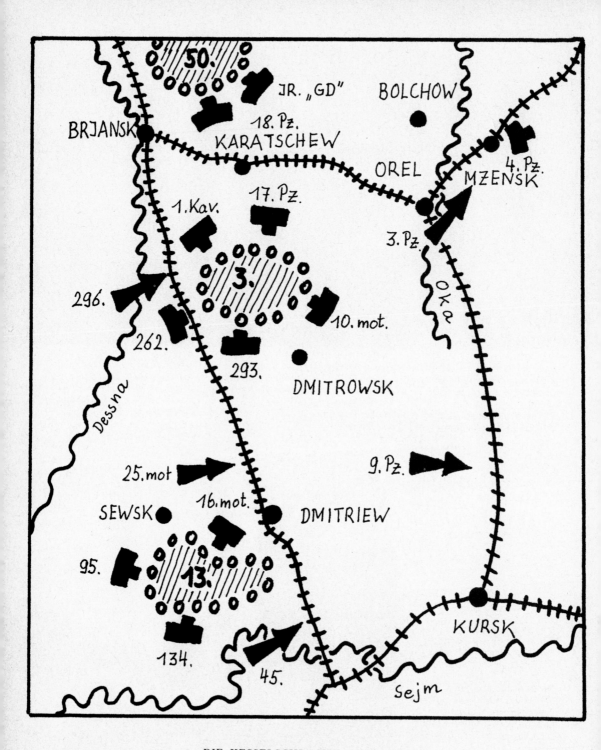

DIE KESSELSCHLACHT BEI BRJANSK

DIE LAGE AM 15. 10. 1941

Der harte Widerstand der eingeschlossenen drei russischen Armeen hindert die 2. Panzerarmee am zügigen Vormarsch über Orel auf Tula. Am 15. 10. 1941 befinden sich nur noch fünf Divisionen auf dem Marsch, während sich zehn Divisionen bemühen, die „Kessel" dicht zu halten.

Eine bei Wjasma erbeutete russische Batterie mit Traktoren als Zugmaschinen.

A captured Russian battery near Wjasma.

Der Bericht des Oberkommandos der Wehrmacht vom 19. Oktober 1941 lautet u. a.:
"Unter dem Oberbefehl des Generalfeldmarschall von Bock haben Truppen des deutschen Heeres in engstem Zusammenwirken mit der Luftflotte des Generalfeldmarschalls Kesselring die sowjetische Heeresgruppe des Marschalls Timoschenko in Stärke von acht Armeen mit 67 Schützen-, 6 Kavallerie-, 7 Panzerdivisionen und 6 Panzerbrigaden vernichtet. Die Säuberung des Kampfgebietes ist im wesentlichen abgeschlossen. Die in der gestrigen Sondermeldung bekanntgegebenen Zahlen haben sich inzwischen auf 657.948 Gefangene, 1.241 Panzerkampfwagen und 5.396 Geschütze erhöht. . ."

Feldgeschütze und Munitionswagen der 50. russischen Armee ostwärts von Brjansk.

Guns and ammunition cars of the 50th Russian Army east of Brjansk.

Das Wetter verschlechtert sich zusehends. Doch noch rollt der Angriff, wenn auch zähflüssiger. Die Infanteriedivisionen kämpfen sich durch aufgeweichte Wege nach Osten vor. Das VI. Armeekorps nimmt Mitte Oktober Bjeloj (oben). Damit ist eine Lücke in der deutschen Front geschlossen.

The weather deteriorates. The attack proceeds. In the middle of October the VIth Army Corps takes Bjeloy.

Hinter der Front kapitulieren die Reste der eingeschlossenen russischen Kräfte. Eine Gefangenenkolonne wird durch das brennende Dorogobush (unten) zurückgeführt.

Behind the front the remains of the encircled Russian forces capitulate. Columns of prisoners in the burning Dorogobush.

Die freigewordenen und notdürftig aufgetankten Regimenter der 4. Panzerarmee schwenken nach Osten ein.

The 4th Tank Army regiments advance further and further east.

Der Bericht des russischen Oberkommandos vom 20. Oktober besagt u. a.:
„ . . .dem Feind ist unter großen Opfern gelungen, Terraingewinne zu erzielen, aber dem Gegner wurden schwere Verluste zugefügt."

Eisenbahnpioniere erstellen unter schwierigsten Bedingungen - es ist schon empfindlich kalt geworden - eine Brücke über den Dnjepr. Das Nachschubproblem ist mit der Verschlechterung des Wetters und der damit bedingten katastrophalen Wegelage zu einem schier unlöslichen Problem geworden.

Railway sappers building a bridge over the Dnjepr.

Die militärische Führung der „Roten Armee" hat sich von den ersten Schlägen der neuen deutschen Offensive rasch erholt. Moskau greift energisch durch. Armeegeneral Schukow übernimmt die Führung aller Truppen vor Moskau. Er läßt durch 5., 16., 43. und 49. Armee eine neue Verteidigungsstellung von Wolokolamsk bis Malojaroslawez beziehen. Truppen des Moskauer Militärbezirks werden eilig nach Westen in Marsch gesetzt und beziehen beiderseits von Mohaisk eine neue Auffanglinie.

Army General Shukov now takes over the command of all troops in front of Moscow. A Russian battle group in the streets of Moscow.

Im Raum Kalinin wird die Heeresgruppe „Kalininer Front" gebildet. Die 22., 29. und 30. Armee unter Oberbefehl des Generalobersten Konjew setzt den angreifenden deutschen Truppen einen von Tag zu Tag stärkeren Widerstand entgegen. Ein russisches 7,62 cm Geschütz - die von allen Deutschen gefürchtete „Ratschbumm" - schießt vom Westrand Kalinin auf die vorrollende 1. Pz. D.

In the Kalinin area the Army Group „Kalininer Front" is formed. Under the command of Colonel-General Konjev the Russian opposition increases from day to day.

Eine 8,8cm-Flak durchquert einen Zufluß der oberen Wolga bei Rshew, wo die 9. Armee den Flankenschutz nach Norden übernimmt.

88 mm anti-aircraft gun crossing a tributary of the Volga near Rshev.

Das I. und II. Flakkorps werden in der neuen Offensive gegen Moskau zum wichtigsten Helfer des Heeres. Nachdem die Luftüberlegenheit vom November an auf russische Seite übergeht und deutsche Jäger sich nur noch selten am Himmel zeigen, erweist es sich, daß sich die Flakartillerie hervorragend für den Erdkampf eignet. Das I. Flakkorps - das vom 22. Juni an im Abschnitt der Heeresgruppe Mitte eingesetzt ist - hat bis zum Beginn des Unternehmens „Taifun" bereits 3.000 gegnerische Kampfwagen vernichtet.

Anti-aircraft guns become important weapons in ground-fighting. In this sector alone 3.000 Russian tanks have been destroyed.

Teile des Flakregiments 11 und 91 sichern bei Mzensk die Ostflanke der 2. Panzerarmee, die auf Grund eines neuen Einsatzbefehls nach Tula vorstoßen soll. Eine 8,8cm-Batterie schießt auf erkannte Bereitstellungen der gegenüberliegenden 52. Schützendivision der „Roten Armee".

An anti-aircraft battery shooting at Russian positions of the 52nd Rifle Division.

Unscheinbar und doch bedeutungsvoll verläuft der Einsatz des Flugmeldedienstes. Die Luftnachrichten-kompanien befinden sich oft vorn bei der Panzer-spitze, um gegnerische Luftangriffe rechtzeitig zu melden. Die 6./Ln.Rgt. 3 rückt in den Brückenkopf bei Kalinin ein und die 6./Ln.Rgt. 7 in den Brücken-kopf am Narafluß, um nur zwei Kompanien aus der Vielzahl der anderen zu nennen.

Air-Force Signal Corps are always with the armoured spearheads. Seen here at the bridgehead near Kalinin.

Generaloberst Freiherr von Richthofen, Kommandierender General des VIII. Fliegerkorps, übernimmt Mitte November den Befehl über alle in der Mitte der Ostfront eingesetzten Luftwaffenstreitkräfte. Nach dem Abzug starker Verbände der Luftwaffe nach Italien, werden die Gegner auch in der Luft bald überlegen sein. Von bisher drei eingesetzten Jagdgeschwadern bleibt nur das Jagdgeschwader 51 zurück.

In the middle of November Generaloberst Freiherr von Richthofen takes over command of all the Air Force units in the middle of the eastern front.

Die russischen Piloten haben in den letzten Monaten erheblich zugelernt. Das müssen auch bald die deutschen Jäger spüren. Hier stürzt eine Me-109 tödlich getroffen bei Jelnja in die Tiefe.

Slowly the Russian Air Force recovers. Me-109 shot down near Jelnja.

Trotz aller Härten und Grausamkeiten des modernen Krieges bleibt im Innern des einfachen Soldaten das Menschliche existent. Es ist ja gerade der einfache Soldat beiderseits, der den Schrecken am deutlichsten spürt und der deshalb oder vielleicht gerade darum immer wieder seine Menschlichkeit unter Beweis stellt.

Der Schwerpunkt der russischen Abwehr liegt im Abschnitt Mohaisk - Wolokolamsk. Die russische 5. und 16. Armee verteidigen diese Linie mit einer Verbissenheit ohnegleichen. Als das V. Armeekorps in die ersten Stellungen bei Wolokolamsk eindringt, lebt keiner der Verteidiger mehr!

The point of main effort in the Russian defence is in the Mohaisk-Volokolamsk sector. The Russians are making a determined effort at defence. When the Vth Army Corps eventually enters the Soviet positions, none of the enemy is still alive.

Das Ringen wird erbitterter, je länger die Schlammperiode anhält. Nur auf festem Boden können die schweren Infanteriewaffen vorwärtsbewegt werden. Ein sIG wird im Mannschaftszug emporgebracht.

An infantry gun has to be dragged through the mud by the soldiers.

Das XXXX. Panzerkorps kann endlich am 19. 10. die schwer umkämpfte Stadt Mohaisk nehmen. Hier hat die SS-Div. „Das Reich" sechs Tage erbittert um jeden Fußbreit Boden gerungen.

On 19th October the SS-Division „Das Reich" takes the heavily fought-for town of Mohaisk.

Die Verluste der deutschen Angriffsverbände steigen an. Mit Ersatz ist nicht zu rechnen. Die Verteidigungskraft des Gegners ist enorm. So kämpft z. B. die 32. sibirische Division auf den Höhen von Borodino, bis der letzte Soldat gefallen ist. In diesen Tagen lernt der deutsche Soldat das Entsetzen des Krieges erst richtig kennen. Es geht wirklich nicht mehr weiter. Die Front erstarrt im Stellungskrieg.

German losses are rapidly increasing. The Soviets' will to fight back has not been broken. The 32nd Sibirian Division fights to the last man on the heights of Borodino. The front freezes in stabilized warfare.

The Russians defend bitterly and counterattack locally. Their armoured divisions are increasingly supplied with the „T-34" - the nightmare of the German infantrymen. Near Rusa shock troops have blown up one of these new tanks.

Die Russen wehren sich nicht nur verbissen, sondern sie führen auch kleinere örtliche Gegenstöße. Ihre Panzerverbände erhalten mehr und mehr den „T-34", der zum Schrecken der deutschen Infanterie wird. Hier, unweit von Rusa, ist es einem Infanteriestoßtrupp gelungen, einen dieser neuen Kampfwagen in die Luft zu sprengen.

Da der Angriff der 9. Armee und der 3. Panzerarmee ins Stocken gerät, sind nur noch örtliche Erfolge möglich. Ein solcher zeichnet sich am 14. Oktober ab, als es einer Vorausabteilung der 1. Pz. D. gelingt, im Handstreich die Straßenbrücke über die Wolga bei Kalinin zu gewinnen.

On 14th October the Ist Tank Division succeeds in taking the road-bridge over the Volga near Kalinin.

Ein Flakgeschütz auf Selbstfahrlafette der II./Flak-Rgt. 38 - es sind ostmärkische Kanoniere - unterstützt die Panzer- und Schützenverbände bei ihrem Angriff auf Kalinin.

Anti-aircraft guns give support to tanks and infantry at the attack on Kalinin.

Es gelingt noch am 14. Oktober, einen Brückenkopf über die Wolga zu bilden. Pioniere setzen im Schlauchboot über den eistragenden Fluß.

A bridgehead over the Volga is built.

Die Ausfallstraßen der Stadt werden durch MG-Posten geschützt (Bild links), während Kalinin selbst nach versteckten Gruppen russischer Soldaten durchsucht wird (Bild unten).

MG posts on the outskirts of Kalinin. The town is searched for hidden Russian soldiers.

Zur gleichen Zeit, als nordwestlich von Moskau Kalinin fällt, gerät im Südosten der bedeutende Verkehrsknoten-
punkt Kaluga in Gefahr, eingenommen zu werden. Drei Divisionen der 33. russischen Armee verteidigen das
Vorgelände dieser Stadt, die von den Divisionen des XII. Armeekorps aus nordwestlicher Richtung und vom
XIII. Armeekorps aus südwestlicher Richtung angegriffen und genommen wird. Eine Panzerkampfgruppe des
LVII. Panzerkorps (Bild oben) unterstützt den Angriff der Infanterie. Nach der Einnahme von Kaluga über-
nimmt eine Kanonenbatterie den Schutz des Stadtrandes (Bild unten).

The traffic junction at Kalinin is defended by the Russian 33rd Army until the German divisions take the city
from the south-west.

Das Bergen der Verwundeten wird im morastigen und unübersichtlichen Gelände zu einem entbehrungs- und opferreichen Dienst der Sanitäter. Mit zunehmender Wetterverschlechterung nimmt die Zahl der Ausfälle zu. Freiwillige Russen - kurz Hiwis (Hilfswillige) genannt - übernehmen den behelfsmäßigen Transport der Verwundeten aus den dichten Wäldern bei Brjansk.

Transporting the wounded over this swampy ground demands great sacrifices of the stretcher-bearers. Russian volunteers help.

Das Zurückbringen der Verwundeten wird bei den Ende Oktober schlagartig einsetzenden Kältetemperaturen zu einem Wettlauf mit dem Tode. Die meisten Sankas (Sanitätskraftwagen) bleiben stecken. Feldlazarette fehlen oder sind unzulänglich eingerichtet. Hier wird ein Schwerverwundeter in einen Lastwagen gehoben, der als Behelfsoperationsraum eingesetzt ist.

When it becomes really cold this job often becomes a race against death.

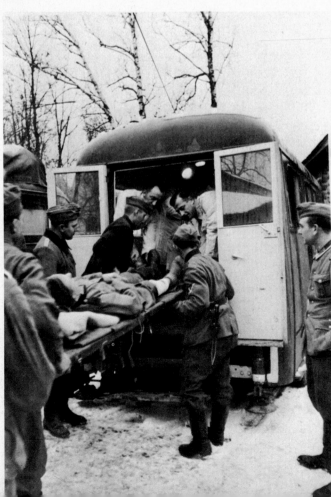

Das Nachschubwesen wird zum Problem Nr. 1 der weiteren Kriegführung. Die Lkw- und Pferdekolonnen bleiben im Schlamm stecken. Baubataillone und Arbeitsdiensteinheiten rücken hinter der Fronttruppe nach, um wenigstens die Straßen befahrbar zu halten. Hier bauen Pioniere eine Brücke über die Ugra bei Juchnow.

Supplies become a **major problem.** Many of the lorries and horses get stuck in the snow. Sappers building a bridge over the Ugra near Juchnov.

Der Kampf wird härter, da die Russen sich erbittert verteidigen und jedes Dorf zu einer kleinen Festung ausbauen. Hier rücken Infanteristen über die behelfsmäßigen Schützengräben in ein brennendes Dorf westlich von Tula ein.

The infantery moving into a burning village west of Tula.

Der Zangenangriff gegen Moskau von Süden her bleibt im Vorfeld von Tula liegen. Es gelingt der 3. Pz. Div. und dem Regiment „Großdeutschland" nicht, die Stadt im Handstreich zu nehmen. Erster Schneefall und Frost tun ihr übriges, um die Ausfälle auf deutscher Seite zu erhöhen.

The attack on Moscow from the south comes to a halt just outside Tula.

So wie kein Nachschub mehr nach vorn kommt, können keine Verwundeten mehr zurückgebracht werden. Hier ist die Besatzung eines Nahaufklärers bereit, einen Schwerverwundeten vom Gefechtsstand der 2. Panzerarmee mit zurück zu nehmen.

Often it is impossible to bring back the wounded.

Es gelingt trotz wiederholter Anstrengungen dem XXIV. Panzerkorps nicht mehr, nach Tula zu Boden zu gewinnen. Die Kampfwagen fallen nach und nach aus, so daß einige Sturmgeschütze zur stärksten Unterstützungswaffe der schwerringenden Infanterie werden. Ein Glück, wenn in irgendeinem Dorf noch die Holzhäuser zum Aufwärmen stehengeblieben sind.

The tanks gradually all break down so that assault-guns become an important source of support for the struggling infantry.

Moskau - das Ziel der Offensive - liegt Ende Oktober in weiter Ferne. Das IR. 195 der 78. Sturmdivision steht Ende Oktober 1941 der russischen Hauptstadt am nächsten. Es sind noch 80 km. In der Stadt selbst geht das Leben seinen geordneten Gang, auch nachdem Moskau in Verteidigungsbereitschaft versetzt ist. Hier rollen neue Kampfwagen vom Typ „T-34" durch eine Straßensperre nach Westen zur Front.

Moscow - the goal of the offensive - is still far off for the German troops. Nevertheless, the town itself is made ready for defence. A road-block in the west of Moscow.

Moskau ist seit dem 19. Oktober von Stalin zur Festung erklärt worden, Armeegeneral Schukow erhält unumschränkte Vollmachten, nachdem die Ministerien vor vier Tagen die Stadt verlassen haben. Nach ersten Plünderungen greift das Militär energisch ein. Ende Oktober herrscht wieder Ruhe - wie hier auf dem Manege-Platz - in Moskau.

On 19th October Stalin declares the city a fortress. Many ministries have already left. The military has to step in to stop plundering. At the end of October 1941 in Manege Square in Moscow.

SCHLAMM UND SCHNEE

20. Oktober - 10. November 1941

Es ist der fünfte Tag des Unternehmens "Taifun", als der erste Schnee fällt. Anfangs sind es nur wenige weiße Flocken, die langsam auf die Erde niedersinken. Sie bleiben nicht lange liegen. Die Erde verwandelt sich bald in grundlosen Schlamm. So geschieht es am sechsten Tag der Offensive, am siebenten, am achten. Alles wird auf einmal zu zähem, tiefem Schlamm. Längst gibt es keine festen Straßen mehr, sondern nur noch weichen Morast. Menschen, Tiere und Fahrzeuge bleiben stecken. Das Vorwärtskommen wird zur Qual.

Es sind Panzer, Zugmaschinen und die russischen RSO (Raupenschlepper Ost), die noch einige Kilometer weiterfahren. Doch, nachdem keine Lastwagen mit Sprit mehr aufschließen können, müssen auch die Kettenfahrzeuge stehenbleiben. Jetzt sind es lediglich die treuen und anspruchslosen Panjegäule, die sich qualvoll weitermühen - und da sind die Landser, die Schritt für Schritt durch diesen braunen, tiefen, schmatzenden Brei stampfen.

Noch läuft die Offensive. Die beiden Kessel von Brjansk und Wjasma sind zerschmolzen, nachdem endlich die deutschen Infanteriedivisionen aufgeschlossen haben. Die Panzerdivisionen - es sind längst keine mehr, sondern nur noch motorisierte Kampfgruppen - rattern durch Schlamm und Dreck weiter nach Osten. Bei Kalinin wird ein erster Wolga-Brückenkopf gebildet. Gshatsk und Mohaisk sind gestürmt. Der russische Widerstand versteift sich in diesen Tagen mehr und mehr. An der Wolokolamsker Chaussee und auf den Höhen von Borodino entbrennen harte Kämpfe, wie sie bisher von den deutschen Truppen noch nicht gemeistert werden brauchten.

Die Wegweiser nach Moskau weisen in der Mitte der Front 80 km. Weiter geht es nicht. Kein Sprit- und kein Munitionsfahrzeug kommt mehr durch. Die Straßen sind zu einem einzigen wabbernden, tiefen Teig geworden. Doch die Nächte beginnen kälter zu werden. Nun sind die Dörfer die Nahziele jeder Marschbewegung. Doch es gibt kaum noch Dörfer. Alles ist tot, zerstört, niedergebrannt. Der Angriff ist nur noch eine einzige Qual für Menschen, Tiere und Material.

So wie im Norden und in der Mitte der Front der Vormarsch ins Stocken und schließlich zum Halten kommt, bleiben auch im Süden alle Versuche vergeblich. Die 2. Panzerarmee hat alle fahrbaren Kampfwagen zu einer Marschgruppe zusammengefaßt, um diese befehlsgemäß nach Tula vorzutreiben. Kampfflugzeuge und Transportmaschinen der Luftwaffe müssen diese Kampfgruppe aus der Luft mit Betriebsstoff und Munition versorgen, denn kein Fahrzeug überwindet jetzt mehr den Schlamm. Tula selbst bleibt unerreicht.

Der russische Widerstand ist in den letzten Wochen stärker als bisher geworden. Vor den ermüdeten und abgekämpften deutschen Verbänden tauchen immer neue Einheiten der "Roten Armee" auf. Es sind zum Teil frische aus Sibirien herangeführte

Kräfte, aber auch Milizeinheiten, Arbeiterbataillone und Komsomolzenkompanien, die ohne Ausrüstung und oft fast ohne Waffen sich den Angreifern entgegenstellen.

Mit Beginn des Monats November setzt stärkerer Schneefall ein. Die Temperaturen sinken Nacht für Nacht um mehrere Grad. Der Schnee bleibt liegen. Bald ist es, als ob der Himmel niemals seine Schleusen schließen würde. Es schneit und schneit. Was bisher Morast und Schlamm war, wird nun auf einmal knochenhart, steinhart, schneit zu. Wo bisher die Fahrzeuge im Modder steckenblieben, liegen sie jetzt fest im tiefen Schnee. Zu Hunger, Müdigkeit und Entkräftung kommt nun die Kälte.
Die deutschen Soldaten haben keine Winterbekleidung. Die Erfrierungen überwiegen bald die Zahl der Verwundeten. Dazu heult aus dem Osten ein eisiger Wind und treibt spitze Eiskristalle den Pferden, Kraftwagen und Menschen entgegen. Der Krieg in freier Natur ist kaum mehr möglich. Alles verkriecht sich in die wenigen Hütten.

Die Sowjet-Union begeht am 7. November den 24. Jahrestag ihrer Oktoberrevolution. Stalin hält eine begeisternde Rede an die Versammelten in der Metrostation und an das Volk über den Rundfunk:

> "... Von nun an wird es unsere Aufgabe sein ... alle Deut-
> schen, die in das Gebiet unserer Heimat als Okkupanten ein-
> gedrungen sind, bis auf den letzten Mann zu vernichten!"

Die Regimenter und Abteilungen der "Roten Armee" paradieren an diesem Tag auf dem "Roten Platz" in Moskau an Stalin und seinen Generalen vorbei. Dann ziehen diese Regimenter und Abteilungen von Moskau aus direkt an die Front. Mit ihnen rücken die neuen Panzer, ziehen neue Batterien und marschieren Tausende von Frei-willigen zur Verteidigung Moskaus nach Westen.

Die Thermometer zeigen indessen bereits auf -20°.

Ende September 1941 setzt Regen ein; ein Regen, der nicht mehr aufhört. Wege und Straßen, Felder und Wiesen verwandeln sich in wenigen Stunden zu kilometerweiten Schlammpfuhlen, die nirgendwo einen festen Halt bieten.

At the end of September 1941 it begins to rain - rain that does not seem to want to stop. Paths and roads, fields and meadows turn into a huge mud-landscape.

Die Heeresgruppe Mitte gliedert in diesen Regentagen ihre Verbände zur Offensive auf Moskau um. Zu allen bisherigen Strapazen, die der deutsche Soldat erlebte, kommen nun Regen und Schlamm, Nebel und Nässe. Es gibt bald keinen trockenen Faden mehr an den Uniformen der marschierenden Kolonnen. Da viele Dörfer niedergebrannt sind, gibt es auch kaum einen trockenen Platz zum Ausruhen und Schlafen.

At this time „Central Army Group" reorganizes its units for the offensive on Moscow. The soldiers in their dripping wet uniforms can hardly find a dry place to sleep and relax in these burnt down villages.

Die Bewegungen der motorisierten Kolonnen - besonders der von Kiew herankommenden 2. und der aus Leningrad rollenden 4. Panzerarmee - werden durch Regen und Schlamm immer stärker beeinträchtigt. Die engen Dorfstraßen im Raume Gluchow sind innerhalb von zwei Tagen zu Wasserstraßen geworden.

The country roads around Gluchow have turned into water ways.

Auch weit hinter der Front wie hier in Orel - müssen die Lkw der Nachschubkolonnen durch hohe Wasserwogen hindurch, um voranzukommen.

Supply column behind the front.

Manchmal geht es wirklich nicht weiter, wie bei der 3. Pz. D. am Klewenj, dann müssen Zugmaschinen vorgespannt werden, um die Kraftfahrzeuge weiterzuziehen.

To keep the advance going the 3rd Armoured Division is using tractors (here at the Klewenj River).

Die schweren Zugmaschinen der Flakartillerie sind vorerst noch allein imstande, steckengebliebene Fahrzeuge und Geschütze durch den langsam höher steigenden Morast zu ziehen.

Only the heavy tractors of the anti-aircraft artillery are able to drag the vehicles and guns which are stuck fast in the mud.

Kleinere Fahrzeuge - z. B. die
Kräder und Fahrräder - bleiben
unweigerlich im Schlamm
stecken. Ein Kradmelder, der
schnell eine Meldung zurückbringen soll, braucht Stunden
für nur wenige Kilometer.

A motor-cycle dispatch rider
takes hours to do a few kilometres.

Ganz besonders traurig ergeht
es den Pferden. Wenn sie einmal in ein Schlammloch rut-
schen, gibt es kaum mehr
Hoffnung, daß sie lebend da-
vonkommen.

The horses are suffering, too.
If they fall into a mud-hole,
they usually have to be put
down.

Ein Lkw; der Kartoffeln nach
vorn bringen will, ist in ein
Schlammloch gerutscht. Das
Fahrzeug muß praktisch buch-
stäblich aus dem Dreck heraus-
geschaufelt werden.

Bosnja, eines von den vielen typischen, russischen Dörfern im Mittelabschnitt der Ostfront zur Zeit der Regenperiode Anfang Oktober. Die Wege sind nicht mehr benutzbar, nur auf Bretterbohlen (Bild oben) ist das Vorwärtskommen möglich. Russische Zivilisten legen einen Bohlenweg durch den Morast. (Bild unten).

Bosnja, one of the countless, typical Russian villages in the middle sector of the east front. Russian civilians
laying a path of planks through the mud that being the only possible means of getting around.

Das im Frieden manchmal von den Besatzungen herbeigesehnte „Fliegerwetter", bei dem man so schön „gammeln" konnte, hält nun schon tagelang an. Der Behelfsflugplatz der Transportgruppe IV/KG.zbV. 1 ist nicht nur im Schlamm versunken, sondern liegt auch im dichten Nebel. Wie Urwelttiere wirken die Maschinen vom Typ „Ju-52".

Due to the weather even the „Air Force" is immobilized. On a runway like this planes can neither take off nor land.

Eine Kampfmaschine vom Typ „He-111", die bei einem Luftkampf über Wjasma schwer beschädigt worden ist, hat gerade noch mit Mühe und Not landen können. Die vollkommen zerschossene Maschine versinkt langsam im Schlamm.

This He-111 damaged in an air-battle over Wjasma by a Russian fighter plane had to risk a landing in the mud.

Als am 6. Oktober der erste Schnee fällt und die
Temperatur vorübergehend sinkt, gefriert der Boden.
Das Flugplatzpersonal betankt die „He-111", muni-
tioniert auf und bereitet sie zum ersten Start nach
langer Wartezeit vor. Inzwischen hat das Heer schon
schwere Angriffstage hinter sich, ohne daß die fliegenden Verbände der Luftwaffe hätten eingreifen
können.

The first snow falls on 6th October. The temperature
drops for a while. The planes are immediately refuelled and take off to support the struggling tank
and infantry units.

Ein erbeuteter russischer Traktor erweist sich als der
beste Helfer, um die schweren Maschinen - hier eine
„Ju-52" - von ihren Abstellplätzen auf das freige-
machte Rollfeld zu ziehen.

A captured Russian tractor is used to drag the planes
- here a Ju-52 - on to the runway.

Noch hat der deutsche „Landser" den ganzen
Schrecken der Wetterverschlechterung nicht erfaßt.
Es zeigen sich Bilder, die trotz der anhaltenden Re-
gentage und der zunehmenden Erschwernisse den
ewigen Soldatenhumor erkennen lassen.
Links: An einem regennassen Oktobertag an einer
Wegekreuzung in einem Etappenort bei Jelnja.

So far the soldiers are bearing all difficulties with
humour. A crossroads near Jelnja.

Soldaten der SS-Div. „Das Reich" haben bei ihrem
Vormarsch nach Osten in einem Dorf südlich Wjasma
einen ausgestopften Bären aufgefunden, der nun vor
einem Gefechtsstand als Wegweiser für nachfolgende
Kolonnen dient.

The soldiers of the SS-Division „Das Reich" in a
village south of Wjasma. A stuffed bear is used as a
sign-post. Still 42 kilometres to Moscow.

Ein Sanitätsoffizier der 3. Pz. D. schreibt in diesen Tagen in sein Kriegstagebuch: „Der Schlamm wird höher und zäher. Pfundweise hängt er am Knobelbecher. Wir schwitzen trotz der Kälte. . . Die Beine wollen nicht mehr. Alles wankt und schwankt. Auf einmal liegt man im Dreck. Es geht nicht mehr."

An officer of the 3rd Armoured Division wrote in his diary: „The mud is getting deeper and harder going. We sweat in spite of the cold. We are dizzy. Suddenly we lie in the mud and just can't go on."

Der Schlamm bedeutet für die einsamen Kradmelder eine schier unüberwindbare Gefahrenquelle. Sobald der Modder in den Motor oder in den Auspuff gelangt, geht es nicht mehr weiter. Weit und breit befinden sich keine Kameraden. Das russische Land ist im Oktober zu einer Schlammwüste geworden.

Auch der Kübel des Kommandierenden Generals, der sonst jedes Geländehindernis überwindet, muß vor diesem Schlammpfad kapitulieren.

Even the Commanding General's jeep gives up.

Drüben, bei den Sowjets, ist es nicht anders. . . Sogar die robuster und einfacher gebauten russischen Lastwagen kommen in diesen Wochen nicht weiter. Ein Nachschubkonvoi für die 20. Armee ist bei Wolokolamsk im Schlamm steckengeblieben. Mit vereinten Kräften soll es weitergehen. . .

The Soviets are not better off. Even the robust and simply built Russian lorries cannot go on. Russian supply convoy near Wolokolamsk.

Das Wetter wird ein Gegner für Menschen, Waffen und Maschinen. Was nutzt alle hochqualifizierte Technik eines modernen Kampfgeschwaders, wenn Schlamm das Rollfeld blockiert. Dann müssen auch die „He-111" warten . . .

The weather is now the Germans' main enemy. Even the technology of a modern fighter squadron is powerless against the deep mud on the runway.

Die armseligen Dörfer Zentralrußlands wirken in dieser Jahreszeit noch ärmer als bisher. Mit dem Regen quellen die Flüsse über die Ufer und überschwemmen weite Landstriche.

At this time of the year the Russian villages look poorer than ever. Large districts are flooded.

Das Kriegführen im russischen Herbst wird zu einem Problem, das von der deutschen Führung bei der Vorbereitung dieser Offensive in ihren Ausmaßen nicht erkannt wurde.

While preparing the offensive the German leaders have not fully recognized the extent of problems such as the bad weather conditions and the surroundings which faced the German soldiers.

Endlich - es ist Anfang November - sinken die Temperaturen. Es fällt Schnee, vorerst noch zaghaft. Aber er bleibt liegen. Der Boden beginnt zu frieren. Die Straßen werden wieder befahrbar. Eine 2cm-Flak eines Heeres-Fla-Bataillons sichert die Rollbahn Kaluga-Moskau (Bild oben), auf der es endlich wieder vorwärts geht. Die Männer des XII. und XIII. Armeekorps setzen ihren Vormarsch im ersten Schneegestöber fort. (Bild unten).

Der Schnee bringt nicht nur Aussicht auf Fortsetzung der Offensive, sondern er bringt Frost und Kälte mit sich, auf die das deutsche Ostheer nicht vorbereitet ist. Es fehlt an Winterbekleidung jeder Art. Der deutsche Soldat lernt das Frieren kennen. Glücklich ist der, der sich mit einer russischen Fellkapuze oder einem Schal „versorgen" kann.

Severe cold sets in. There is a lack of good winter clothing. Lucky is he who can get a Russian fur cap or a scarf.

Noch ist der Boden nicht völlig gefroren. In den Schützengräben der 4. Armee steht das Wasser. Der SS-Mann kann es hier aus dem Graben schütten - doch nicht mehr lange. Denn bald wird aus Wasser Eis. Die Temperaturen sinken innerhalb weniger Tage um mehrere Grad. Schon nach wenigen Tagen meldet das XXIV. Panzerkorps - 16⁰ - und dann ist kaum mehr eine offensive Kriegsführung möglich!

But the ground is not yet completely frozen. The trenches of 4th Army are full of water. A few days later the XXIVth Armoured Corps reports 16⁰ C of frost.

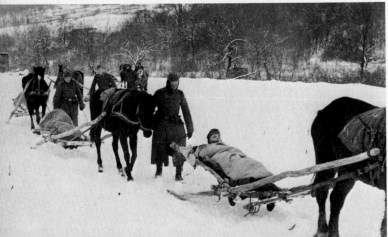

Schnee und Frost - am 13. November werden bei Tula bereits -24° Kälte gemessen - setzen den Fahrzeugen genauso zu, wie es vorher Schlamm und Morast getan haben. Oft sind es die treuen, nie verzagenden Panjegäule, die dann die Kraftwagen vorziehen müssen.

On 13th November -24° C is measured near Tula. Tiny Russian ponies have to pull the vehicles. On many vehicles the gear box is frozen or the engine block burst.

Dort, wo keine Pferde in der Nähe sind und wo keine Schaufel zur Fahrerausrüstung gehört, bleibt man im Schnee stecken. Da oft die Nachschubfahrzeuge allein auf Fahrt gegangen sind, kann sich dieses Steckenbleiben stunden-, ja tagelang hinziehen.

The supplies are hindered by the deep snow. The wind often blows the snow into drifts several feet high.

Die Temperaturen sind morgens so niedrig, daß die Fahrer kleine Feuer unter dem Motor ihres Fahrzeuges anzünden müssen, um den Motor anzuwärmen.

In the morning fires are laid under the vehicles so that the motor starts . . . or a „big" brother tows the vehicle away.

Wenn ein Pkw unterwegs im Schnee festgefahren ist, kann er nur hoffen, daß irgendwann ein „großer Bruder" vorbeikommt, der ihn abschleppt. Das ist aber selten - und schon mancher Fahrer ist am Steuer erfroren aufgefunden worden.

Nachdem die Rollbahnen der Feldflugplätze gefroren und der meterhohe Schnee weggefegt ist, starten auch die Jäger wieder, um gegen die inzwischen zahlenmäßig weit überlegenen russischen Luftstreitkräfte anzufliegen.

Once it is really cold, the Air Force sets up again.

Die „Ju-87" - die Stukas - der Geschwader 1 und 2 - werden neu beladen, um nun endlich Ziele in und um Moskau anzugreifen.

„Ju-87" (Squadron 1 and 2) are loaded with bombs. They are to attack aims in and around Moscow.

Mit Beginn der neuen Offensive wird auch eine Staffel italienischer Jagdflugzeuge (Bild unten) der Luftflotte 2 unterstellt.

This squadron of Italian fighter planes subordinated to Air Fleet 2.

Transportmaschinen vom Typ „Ju-52" haben aus der Heimat die erste Winterbekleidung herangeflogen. Nach ihrer Entladung werden die Mäntel, Schals und Socken so schnell wie möglich den entsprechenden Versorgungsbataillonen des Heeres zur Weiterleitung an die Front übergeben.

Winter clothing has arrived from home.

Die deutsche Luftwaffe ist genau so unvorbereitet wie das Heer in den Winterkrieg befohlen worden. Ganz anders und viel zweckentsprechender sind die Vorbereitungen auf russischer Seite. Eine Kampfmaschine vom Typ „SB-2" fertig zum nächtlichen Start auf einem Flughafen bei Moskau. Bemerkenswert sind die Schlittenkufen.

The Russians have far better and more suitable winter equipment. Soviet combat planes (type „SB-2") at an airfield near Moscow. Their attack is aimed at the German supply routes.

Die schweren Bomben können nur auf Schlitten zu den Flugzeugen gebracht werden.

Heavy bombs are brought on sledges to the planes. In many a night more than 3 feet of snow falls. Time and again the runway has to be cleared.

Vor jedem neuen Start müssen die Rollbahnen freigeschaufelt werden. Denn in jeder Nacht fällt mindestens ein Meter Schnee, der wieder alle startfertigen Kampfmaschinen blockiert.

Noch sind die deutschen Piloten auf Grund ihrer Kampferfahrung den russischen Fliegern überlegen. Auf deutscher Seite macht sich jedoch in zunehmendem Maße der Ausfall an Maschinen bemerkbar. Eine Gruppe des Jagd-Geschw. 27 verfügt in diesen Tagen nur noch über zwei Flugzeuge. Bei einem Kampfgeschwader werden an Stelle der nicht mehr zu ersetzenden Bomber vom Typ „He-111" sogar Transportmaschinen („Ju-52") eingesetzt. Bild rechts zeigt diese beiden Typen, die gemeinsam auf ihre Bombenlast warten.

The heavy plane losses on the German side are becoming more and more noticeable. A Group of Fighter Squadron 27 now has only 2 planes at its disposal. The old „Ju-52" has to be used as a bomber again.

Die Erfolge der Luftflotte 2 sind trotz allem gewaltig. Die Luftflotte meldet in der Zeit vom 22. Juni bis zum 30. November 1941: „Abgeschossen bzw. vernichtet: 6.670 Flugzeuge, 1.900 Panzer, 1.950 Geschütze, 26.000 Fahrzeuge, 2.800 Züge u. a. m." Zerstörte Flugzeuge vom Typ „Rata" am Rande des Flugplatzes von Wjasma.

Nevertheless Air Fleet 2 is enormously successful. Between 22nd June and 30th November 1941 Air Fleet reports having shot or destroyed: „6.670 Russian planes, 1.900 tanks, 1.950 guns, 26.000 vehicles, 2.800 trains etc."

Das Land liegt mittlerweile unter einer Schneedecke. Der ehemalige Gefechtsstand des Oberbefehlshabers der russischen Heeresgruppe „West", Generalleutnant Jeremenkos, in Sewenj zeigt sich jetzt als verträumtes friedliches Winteridyll.

The command post of the commander-in-chief of the Russian „Army Group West" Lt. Gen. Jeremenko in Sewenj.

Gshatsk, die große Etappenstadt im tiefen Winter 1941/42.

Gshatsk, the large base city, during the winter of 1941/42.

Die Soldaten der 2. Panzerarmee stehen seit Wochen bereits im Kampf um Tula. Die Stadt blockiert immer noch den Zugang nach Moskau. Von Westen her nähern sich langsam die Regimenter des XXXXIII. Armeekorps, die ohne jede Winterbekleidung den Härten des Frostes erheblich ausgesetzt sind.

The soldiers of the 2nd Armoured Army have been fighting for weeks for Tula. The city is blocking the way to Moscow. Regiments of the XXXXIIIth Army Corps attack from the west. Without any winter clothing they suffer badly from the harshness of the frost.

Der Angriff ist nicht nur im Süden der Front ins
Stocken gekommen, sondern auch in der Mitte. Die
4. Armee und die 9. Armee beginnen, sich einzugra-
ben. Soldaten des am weitesten nach Osten vorange-
kommenen IX. Armeekorps heben mit der Spitzhacke
in dem tiefgefrorenen Boden im Raume ostwärts von
Rusa erste Schützengräben aus.

The attack of the 4th and the 9th Army has come to a
halt. The soldiers of the IXth Army Corps, which has
advanced furthest to the east dig themselves in east
of Rusa.

Voraustruppen der 3. Panzerarmee haben das große
Wolgastaubecken erreicht. Der vereinzelte Wachsoldat
könnte ebensogut am Nordkap stehen; so erdrückend
ist die Einsamkeit.

Advance units of the 3rd Armoured Army have
reached the large Volga dam north of Moscow.

Doch wenn eisige Schneestürme über das Land fegen, sind die Bewegungen von Menschen, Tieren und Fahrzeugen eine einzige Qual. Ein motorisierter Nachschubkonvoi begegnet in Orel einem Pferdetransport, der soeben aus der Heimat eingetroffen ist und nun die Verluste der 2. Armee an der Südflanke der Heeresgruppe ausgleichen helfen soll.

Replacement from home has arrived to compensate the heavy losses of the 2nd Army on the southern front of the „Central Army Group".

Wenn die Sonne einmal durch die graue Wolkendecke bricht, liegt das Land in strahlendem Licht. Zwar sind dann die Temperaturen empfindlich, aber Bewegungen sind wieder möglich. Mit Panjefuhrwerken wird auf dem Umschlagplatz in Tschern Munition verladen, während ein frisch reparierter Kampfwagen sich zur Fahrt nach Tula bereitmacht.

The tough Russian ponies prove to be a reliable means of transport seen here around Tschern.

Der wärmende Ofen einer Batterie im Kiefernwald bei Rshew.
In a pine forest near Rshev. A petrol barrel used as stove to keep warm.

Tiere und Menschen leiden gleichermaßen in der unbarmherzigen Kälte. Die Temperaturen sind inzwischen auf -24° gefallen und werden bis Weihnachten stellenweise um weitere 10° fallen. Eine Transportkolonne bringt Strohballen nach vorn. Sie können einmal als Lagerstatt für Soldaten in irgendeiner zerschossenen Panjehütte dienen, sie können zum Warmhalten von Motoren benutzt werden und schließlich natürlich auch als Pferdefutter. Es gibt nicht viel zu beißen in dieser Zeit!

Sometimes the temperature drops to -24° C. Straw is brought to the front to be used as a bed for the soldiers in some shot-down cottage as well as food for the horses.

In Moskau: Trotz der angespannten Lage an der Front wenige Kilometer westlich der Hauptstadt, werden die Feiern zum 24. Jahrestag der Oktoberrevolution mit allem Pomp durchgeführt. Vor den Augen der verängstigten Moskauer Bürger rollt eine Truppenparade größten Stils ab. Bei beißender Kälte von -20° paradieren auf dem „Roten Platz" an der Parteiführung und an der Generalität neuaufgestellte Schützendivisionen und Panzerbrigaden vorbei. Die Truppen gehen von hier in geschlossener Marschordnung direkt an die Front.

In Moscow: In spite of the critical situation on the west front only a few kilometres away the celebrations of the 24th anniversary of the October Revolution are under way with all pomp. In front of frightened looking Moscow inhabitants in freezing cold newly drawn-up infantry divisions and mechanized brigades parade in the Moscow's Red Square. From here the troops march directly to the very front lines.

Eine Brigade, die mit dem „T-34" ausgerüstet ist, auf ihrer Fahrt zur Parade auf dem „Roten Platz" am 7. November 1941.

A Russian armoured brigade (T-34) on its way to the Red Square on 7th November.

Ein Milizbataillon, aus Moskauer Fabrikarbeitern aufgestellt, paradiert am selben Tag am Lenin-Mausoleum vorbei. Der Marsch des Bataillons führt nach Westen zur Schlacht an der Moskwa.

A militia-batallion of Moscow factory workers at the Lenin-Mausoleum. This batallion is marching west to the battle on the Moscva River.

Anfang Oktober ist der Winter mit Macht hereingebrochen. Noch geht der Schnee bald in Matsch und Schlamm über. Erst als Ende des Monats erneut Frost einsetzt, werden Bewegungen möglich. Jetzt herrscht unbarmherzige Kälte. Das Thermometer fällt innerhalb weniger Tage auf -30º! Für wenige Minuten kann man sich hier an einem behelfsmäßigen Lagerfeuer aufwärmen.

At the beginning of October winter breaks with a vengeance though the snow soon turns to slush and mud. Not until the frost returns at the end of the month are any troop-movements possible. It is frightfully cold. Within a few days the temperature drops to -30º C. For a few minutes it is possible to get warm here at an improvised campfire.

Mitte November beginnt die letzte Phase der Offensive gegen Moskau. Die Übermacht der „Roten Armee" ist gewaltig, besonders, nachdem die Verluste der Panzertruppen und Luftwaffe nicht mehr ausgeglichen werden können. So wird die Artillerie zum Helfer der schwer ringenden Infanterie,die wiederum die ganze Last des neuen Angriffs zu tragen hat. Eine 15 cm-Feldhaubitze (Bild oben) unterstützt den Angriff gegen Kaluga, während ein 21 cm-Mörser (Bild unten) russische Abwehrstellungen an der Moskwa beschießt.

At the middle of November the last phase of the offensive against Moscow begins. The supremacy of the Red Army is tremendous, particularly after the losses in the tank troops and the air force can no longer be replaced. For this reason the artillery helps the struggling infantry which once again has to bear the entire burden of the new attack. A 155mm field howitzer (picture above) supports the attack on Kaluga, while a 210mm mortar (picture below) fires on Russian defence positions on the Moscva.

Nach dem Abzug der Luftflotte 2 bleiben nur wenige Gruppen Kampf-, Schlacht- und Jagdfliegerverbände im Mittelabschnitt der Ostfront zurück. Sie sind bald der russischen Luftwaffe an Zahl unterlegen. Nur die Kampferfahrung der deutschen Besatzungen und die Einsatzfreude des Bodenpersonals macht diese Unterlegenheit etwas wett. Ein Kampfflugzeug wird zum Start vorbereitet.

After the withdrawal of the Air Fleet 2 only a few groups of combat, battle, and fighter units are left in the middle sector of the eastern front. They are soon outnumbered by the Russian air force. Only the battle experience of the German crews and the enthusiasm of the ground staff make up for this to a certain extent. A tactical aicraft preparing to take off.

Nur wenige Aufklärer sind Ende November am Himmel zu sehen. Hier überfliegt ein „Fieseler Storch" eine russische Gefangenenkolonne bei Dorogobush.

Only a few reconnaissance planes are to be seen in the sky at the end of November.

Unerhörte Anstrengungen fordert die eiskalte Witterung nicht nur von der Fronttruppe, sondern auch von den rückwärtigen Diensten. Männer der „Organisation Todt" (Bild oben) bessern mit Hilfe russischer Zivilpersonen die Verbindungswege aus. Trotz Eis und Schnee wird auf der Rollbahn Smolensk - Moskau eine neue Straßendecke gelegt. Männer der Munitionskolonne einer schweren Heeres-Artillerie-Abteilung verladen Granaten und Kartuschen auf einem Umschlagplatz bei Orel (Bild unten).

The bitterly cold weather makes life unimaginably difficult and exhausting not only for the troops at the front but also for the rear forces. Men of the „Organisation Todt" (picture above) repair communication roads with the help of Russian civilians. In spite of the snow and ice the runway Smolensk - Moscow is resurfaced. Men of the ammunition convoy of a heavy army artillery department loading grenades and cartridges at an emporium near Orel (picture below).

General der Pz. Truppen Schmidt, der bisher das XXXIX. Panzerkorps führte, übernimmt am 15. November 1941 den Oberbefehl über die 2. Armee, die in einer ausgedehnten Front zwischen Jefremow und Kursk die gesamte Südflanke der Heeresgruppe schützen muß. Als sechs Wochen später Generaloberst Guderian von seinem Posten enthoben wird, erhält der inzwischen zum Generaloberst beförderte Schmidt zusätzlich die Führung der 2. Panzerarmee.

On the 15th November 1941 General of the Panzer Troops Schmidt (up to then commander of the XXXIXth Armoured Corps) takes over command of the 2nd Army which is to protect the southern flank of the Army Group between Jefremow and Kursk.

Generaloberst Freiherr von Weichs (in der Mitte der Zugmaschine sitzend, weißer Mantel mit schwarzem Pelz), der bisher die 2. Armee befehligte, muß die Führung Mitte November abgeben. Seine Armee, nur aus unzulänglich ausgerüsteten Infanteriedivisionen bestehend, hat im Verlauf des Feldzuges die schweren Kesselschlachten von Bialystock, Kiew und Brjansk gemeistert und sieht sich jetzt einer schier unlösbaren Aufgabe gegenüber: Die Verbindung zur Heeresgruppe Süd, die weit zurückhängt, nicht abreißen zu lassen.

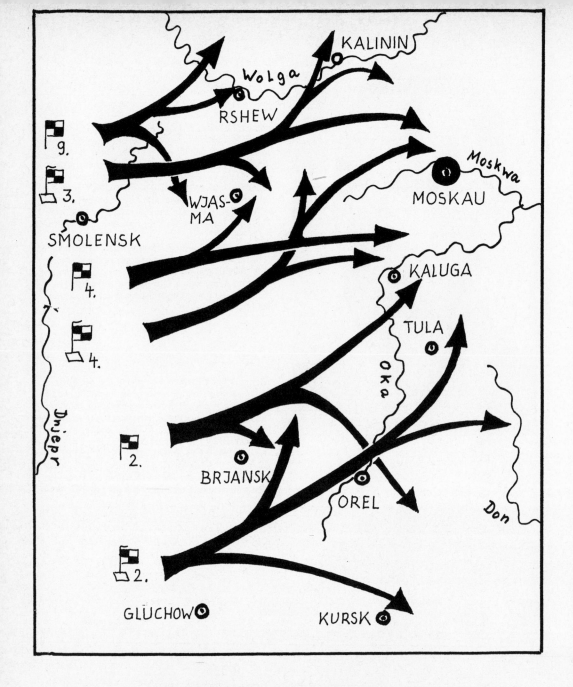

DAS UNTERNEHMEN „TAIFUN" OKT. - DEZ. 1941

Der frontale Ansatz der sechs deutschen Armeen läßt von vornherein eine Schwerpunktbildung nicht zu. Nach den Kesselschlachten von Wjasma und Brjansk wird zwar eine Schwerpunktbildung nordwestlich von Moskau angestrebt, die aber schon im Entstehen durch die verbissene Verteidigung der sowjetischen Heeresgruppen „Westfront" und „Kalininer Front" zunichte gemacht wird. Der zweite Schwerpunkt bei Tula - im Süden Moskaus - kommt durch das Auseinanderreißen der 2. Panzerarmee nicht zustande.

Da sind drei verantwortliche Offiziere für die Verteidigung von Moskau im Hauptquartier der Heeresgruppe „Westfront": Armeegeneral Schukow (links), der vor seiner Versetzung nach Moskau die Verteidigung von Leningrad organisierte, im Gespräch mit seinem Generalstabschef, Generalleutnant Sokolowskij (dem späteren Marschall) und dem Kriegsrat der Heeresgruppe Chochlov (rechts).

These three Russian officers were responsible for the defence of Moscow:
Army General Shukov (left), his chief of the General Staff Sokolowskij (later Marshal) and the Chairman of the Council of War of the „Army Group" Chochlov.

DER LETZTE VERSUCH

11. November - 4. Dezember 1941

Der Chef des Generalstabes befiehlt die Armeechefs der Heeresgruppe am 12. November in das Hauptquartier nach Orscha. Hier soll über weitere Pläne gesprochen werden, nachdem zuerst der Schlamm, dann Schnee und Eis die Offensive zum Halten gebracht haben. Das Fazit dieser Besprechung: Fortführung des Angriffs und Inbesitznahme Moskaus. Die russische Metropole soll durch eine großangelegte Zangenbewegung bis hinauf nach Gorki vom übrigen Reich abgeschnitten werden. Dieses phantastische Ziel ist angesichts des Kräfteverschleißes von vornherein als Utopie anzusehen. Kennt man beim OKH, kennt Hitler nicht den Zustand der völlig erschöpften Truppe?

Die Heeresgruppe gliedert trotz der unerträglichen Witterung die Verbände erneut zur Fortsetzung der Offensive um. Beginn des neuen Angriffs: 17. November 1941. Diese Vorbereitungen, das Umgliedern und Formieren erkennen die russischen Führungsstellen genau. Die STAVKA befiehlt, daß sofort sechs neugebildete Armeen - 10., 31., 33., 49., 60. und 1. Stoss(Panzer)Armee - in die Moskauer Schutzstellungen einrücken und Verteidigungspositionen beziehen. Die Schutzstellung verläuft von Rshew im Norden bis Klin in ostwärtiger Richtung, dreht dann nach Süden über den Istra-Stausee, Swenigorod und Naro Fominsk bis Serpuchow ein, um von hier in einem schwungvollen Bogen bis Tula auszulaufen.

Die bisher auf Zusammenarbeit angewiesene Luftflotte 2 wird - für alle unverständlich - mit Beginn dieses neuen Offensivabschnitts aus der Front gezogen und nach Süditalien verlegt. Der italienische Verbündete hat währenddessen auf dem nordafrikanischen Kriegsschauplatz eine empfindliche Schlappe erlitten, die seinen Zusammenbruch herbeiführen kann, wenn nicht bald deutsche Luftunterstützung eintrifft. Die Führung der deutschen Luftwaffenverbände vor Moskau übernimmt Generaloberst Freiherr von Richthofen.

Die Tagesbefehle der Oberbefehlshaber vom 17. November beginnen mit den Worten:

> "Die Zeit des Wartens ist vorüber. Wir können wieder
> angreifen! ..."

Die neue Offensivphase wird von einem nächtlichen Luftangriff auf Moskau eingeleitet. Dann rattern erneut die Panzermotore, brüllen die Geschütze und erheben sich die müden und abgekämpften Soldaten erneut zum Angriff. Dieser Vorstoß - der ohne jede Vorbereitung ablaufen soll - zeigt wiederum an keiner Stelle einen Schwerpunkt. Die Heeresgruppe rückt frontal nach Osten vor, lediglich die weit vorgeprellte 2. Panzerarmee kämpft im Raum Tula nach drei Seiten. Die 4. Armee wird von ihrem Oberbefehlshaber zurückgehalten, was sich bald sehr ungünstig auf den glücklich verlaufenden Angriff der 4. Panzerarmee auswirken wird.

Die 9. Armee sichert den Nordflügel der Heeresgruppe zwischen Cholm und der

Wolga bei Rshew. Die 3. Panzerarmee (jetzt von General d. Pz. Truppen Reinhardt befehligt) tritt aus dem Raum Kalinin an und rückt in Richtung des Wolga-Stau-beckens und zum Moskwa-Wolga-Kanal vor. Die Panzerkampfgruppen überwinden in schweren Kämpfen die Bahnlinie und die Straße Kalinin-Moskau und nähern sich langsam vom Norden her bei eisiger Kälte und wildem Schneetreiben den Villenvor-orten von Moskau. Die 4. Panzerarmee drückt aus dem Abschnitt Wolokolamsk-Naro Fominsk frontal nach Osten. Der Widerstand der russischen Truppen ist hier beson-ders zäh. Doch bis Ende des Monats November quälen sich die Bataillone und Abtei-lungen bis über die Eisenbahnlinie Leningrad-Moskau vor und gewinnen schließlich den Istra-Stausee. Von hier weisen die Wegweiser bis Moskau noch 35 km! Die 35. I. D., 2. und 11. Pz. D. stoßen noch weiter voran und stehen schließlich nur noch 16 km vom "Roten Platz" in Moskau entfernt! Die sich rechts anschließende 4. Ar-mee beteiligt sich nicht an dieser Offensive, da ihr XIII. Armeekorps vom Gegner schwer angegriffen wird. Erst als am Monatsende die Lage gemeistert ist, rückt die Armee von Naro Fominsk aus nach Osten.

Die bei Tula fechtende 2. Panzerarmee steht nach wie vor auf sich allein gestellt. Da die Stadt nicht frontal genommen werden kann, schieben sich die deutschen Kampf-gruppen nach Norden und Osten an Tula vorbei. Die 18. P. D. erreicht über Jefremow vorgehend den östlichsten Punkt, den jemals deutsche Verbände im Ostfeldzug beset-zen. Die am rechten Flügel der Heeresgruppe eingesetzte 2. Armee kann angesichts der weitgestreckten Front mit ihren Infanteriedivisionen keine Sicherheit der tiefen Südflanke gewähren. Die Kräftebeanspruchung ist bei Temperaturen bis zu -40° einfach unbeschreiblich.

Der Soldat vorn an der Front kann sich Tag und Nacht nicht von seiner Bekleidung trennen, da er sofort erfrieren würde. Ein Ausziehen der Stiefel ist unmöglich. Viele **Verschlüße der Maschinengewehre** und Geschütze frieren ein. Wer sie mit den nack-ten Händen reparieren will, dem gefriert das Fleisch an dem eiskalten Metall. Als Verpflegung gibt es nur steinhart gefrorenes, vor Frost glitzerndes Brot. Nachschub kommt keiner mehr nach. Die Motore der Lastwagen sind längst eingefroren. Viele Motorblöcke gesprungen. Den kleinen Panjegäulen vereisen die Nüstern. Jedes Fahr-zeug bleibt im metertiefen Schnee stecken. Es geht nicht weiter!

Der Oberbefehlshaber der Heeresgruppe, Feldmarschall von Bock, meldet am 1. De-zember beschwörend an das Oberkommando des Heeres:

> "Der Angriff erscheint nun ohne Sinn und Ziel, zumal
> der Zeitpunkt sehr nahe rückt, an dem die Kraft der
> Truppe erschöpft ist!"

Wenige Tage später fassen die drei Oberbefehlshaber der Panzerarmeen - unabhängig voneinander - aus eigener Überlegung den Entschluß, den Angriff einzustellen. Vom 3. bis 5. Dezember gehen durch Funk die Befehle zum Abbrechen der Offensive an die Truppe. Das deutsche Ostheer richtet sich in diesen Tagen zur Verteidigung ein.

Doch - es ist bereits zu spät!

Das Oberkommando des Heeres besteht am 12. November 1941 darauf, daß die Offensive der Heeresgruppe Mitte gegen Moskau so bald wie möglich wieder aufgenommen werden muß, obwohl die beiden benachbarten Heeresgruppen infolge des strengen Winters jeden Angriff eingestellt haben. Feldmarschall von Bock, der gleichfalls „im Angriff die beste Lösung" sieht, befiehlt den Angriff. Vom 15. bis 17. November treten deshalb alle Verbände der Heeresgruppe erneut an. Das Ziel ist die Moskwa in Moskau!
Im Süden der Angriffsfront ringen 3. und 4. Pz. D. immer noch um Tula (Bild oben), während sich im Norden die Divisionen des XXVII. Armee- und des LVI. Panzerkorps durch die schneeverwehten Wälder an das Wolga-staubecken herankämpfen (Bild unten).

Although the North and South Army Groups have already stopped their offensives, the High Command of the Army insists on attacking Moscow again. From 15th to 17th November the Central Army Group renews its attack: their aim is Moscow. In the south the 3rd and 4th Armoured Divisions are still battling for Tula (above), and in the north tanks are advancing towards the Volga reservoir (below).

Wieder befinden sich die Bataillone und Kampfgruppen der Infanterie auf dem Marsch durch Schnee und Eis. Die Reste der 86. und 162. I. D. gewinnen nördlich Wolokolamsk (Bild oben) freien Raum, um nach Osten vorgehen zu können.

The remains of the 86th and 162nd Infantry Divisions conquer Volokolamsk thus clearing the way for their advance east.

In der Mitte der Front marschieren die Verbände des V., VII. und IX. Armeekorps zwischen Wolokolamsk und Naro-Fominsk in breiter Front. Oft müssen die Kampfgruppen im „Gänsemarsch" vorgehen, da der tiefe Schnee den zügigen Angriff hindert. Spurentreter - hier auch einmal Pferde - stampfen voran.

Units of the Vth, VIIth and IXth Army Corps on their way towards Naro-Fominsk.

Der eisige Ostwind, der über die freien Ebenen pfeift, macht den ohne jede Winterbekleidung angreifenden Kompanien erheblich zu schaffen. Die Kolonnen brauchen oft Stunden, um nur 1 km Gelände zu gewinnen. Ganz besonders schwer haben es die Divisionen, die auf breitem Raum die Verbindung zwischen 2. Panzerarmee und 4. Armee halten sollen. Es sind dies die Männer des XXXXIII. Armeekorps, die sich über Kaluga auf Aleksin vorarbeiten (oben), und es sind die Kampfgruppen des LIII. Armeekorps, die als Flankenschutz für Guderians Panzergruppe in Richtung Wenew angreifen (Bild unten).

There is a shortage of winter clothing. The icy east wind hinders the advance. Above: Attack on Aleksin via Kaluga. Below: Attacking in the direction of Venev.

Der Oberkommando der Wehrmacht greift schon am Beginn des neuen Offensivabschnitts rigoros in die strategischen Pläne ein. Die Luftflotte 2, die bisher die Heeresgruppe in allen Schlachten und Gefechten unterstützt
hat, wird innerhalb kurzer Zeit abberufen. Feldmarschall Kesselring ist zum Wehrmachtsbefehlshaber im Mittel-
meerraum ernannt worden. Mit ihm verlassen die kampfstärksten fliegenden Verbände in der ersten Novemberhälfte den Mittelabschnitt der Ostfront, um nach Sizilien, Süditalien und Libyen zu verlegen. Da somit das gesamte II. Fliegerkorps aus Rußland abgezogen wird, verbleiben nur die kampfschwachen Gruppen des VIII. Fliegerkorps zurück. Die Luftangriffe auf Moskau müssen im November 1941 eingestellt werden, da
kaum mehr Bomberstaffeln vorhanden sind und die russische Flakabwehr den deutschen Flugzeugen einen Feu-
erorkan entgegenschleudert.

Soon after the new offensive begins Air Fleet 2 is ordered to the Mediterranean. Only groups of the VIIIth Air
Corps, weakened by combat, remain to support the ground forces. In November 1941 all air raids on Moscow
are stopped, especially as the heavy Russian anti-aircraft guns greet the German planes with a storm of fire.

Der wichtigste Helfer aus der
Luft ist und bleibt die „Ju-52",
die Munition zu den bei Tula
kämpfenden Panzerdivisionen
vorbringt.

„Ju-52" bringing ammunition
to the tank divisions fighting
near Tula.

Eine „Me-109" des Jagd-Geschw. 51 hat bei Naro-Fominsk eine russische Aufklärungsmaschine abgeschossen.

A „Me-109" of Fighter Squadron 51 has shot down a Russian plane near Naro-Fominsk.

Auf behelfsmäßigen und primitiv eingerichteten Flugplätzen
hinter der Front landen die
Flugzeuge der Kampf-Gruppe
zbV 102 Nachschubgüter und
Feldpost.

Supplies and army post are un-
loaded on primitive air-fields
behind the front.

Die Feldpost ist das einzige, was die im fernen Rußland kämpfenden Soldaten mit der Heimat verbindet. Die Armee-Feldpostämter und die Feldpostämter der Divisionen sind die Umschlagplätze für alle Briefe, Päckchen und Pakete. Oft ist es schwierig, in den schneeverwehten Einöden oder in den partisanenbewachten Urwäldern die Postwagen zur und von der Front gut durchzubringen. Ein Troßfahrer der 98. I. D. nutzt eine Marschpause unweit der Prostwa aus, um an seine Lieben daheim schnell einige Zeilen zu schreiben.

The post links the soldiers in far-off Russia with home.

Durch tiefen Schnee und bei eisiger Kälte geht eine Kolonne des Divisions Feldpostamtes 216 von Smolensk aus nach vorn zur Front.

A column of the division's APO 216 marching through deep snow and extreme cold from Smolensk to the front.

Der Winter wird von Tag zu Tag grausamer. Die Temperaturen sinken in der zweiten Hälfte des Novembers bis auf -34° im mittleren Frontabschnitt. Die Einzelkämpfer der 78., 87. und 252. I. D., die zum Moskwatal vorrücken, sind den Unbilden fast machtlos ausgeliefert. Nur noch mit Panjepferden geht es vorwärts.

The winter is becoming crueller from day to day. The temperature drops to -34° C. The individual soldiers, here advancing towards Moscva valley, are powerless against the climatic conditions. Panje-ponies help out.

Ganz besonders schwer haben es die Nachschubkolonnen. Sie wissen oft nicht, wo die eigene Truppe liegt. Die Kolonnen mühen sich dann entlang der Gefechtsstraßen. Ihre Richtungspunkte sind deutsche und russische Panzerwracks - hier ein „T-34" - die jeweils die Orte andeuten, wo die eigene Truppe vor Stunden (oder Tagen) gekämpft hat.

The supply columns often have no idea where their own troops are. Destroyed tanks indicate the way.

Noch läuft die Offensive voran, obwohl die „Rote Armee" in der zweiten Novemberhälfte sechs neue Armeen eingeschoben hat. Das V. Armeekorps, das im Rahmen der 4. Panzerarmee kämpft, schlägt nicht nur einen Gegenangriff russischer Kavallerie auf den Höhen bei Mussino ab, sondern dringt noch in kühnem Sturmlauf über Klin, den Istra-Stausee bis zum Klajsma-Staubecken. Von hier zeigen die Wegweiser noch 35 km bis Moskau!
Männer der Aufkl. Abteilung der 2. Pz. D. vernehmen bei Klajsma einen gefangenen russischen Stoßtrupp.

The Vth Army Corps in assault on the Klajsma Reservoir via Klin and the Istra Dam. Still 35 kms to Moscow. A Russian prisoner being questioned.

Das Gesicht des einfachen Soldaten auf der Gegenseite zeigt dieselben Strapazen und Entbehrungen. Das Leid ist gleichermaßen verteilt auf diejenigen, die bei Freund und Feind in vorderster Front kämpfen, hungern, frieren und sterben.
In these decisive weeks the Russian soldiers suffer just as much from the hardships and privations as the Germans. They are cold and hungry and they die just as the Germans do on the other side.

Die Offensive in der letzten Woche des Monats November wird schließlich die Offensive des Einzelkämpfers. Es gibt kaum geschlossene größere Einheiten. Die Divisionen haben sich in kleine und kleinste Kampfgruppen gespalten, und bei diesen steht wiederum der einzelne Soldat für sich allein. Männer einer Nachrichtenabteilung bauen in der Einöde vor Istra eine Fernsprechleitung. Für wie lange?

In the last week of November the attack becomes more and more of an offensive of the individual soldier. The division has split into small, even tiny combat groups. At a signal section in the wasteland near Istra.

Eine einsame Funkstelle mitten im Dickicht der Wälder an der Moskwa.

A lonely radio post in the undergrowth of the woods on the Moscva River.

Die Schlacht um Tula wird zu einem erbitterten Ringen von Panzerkräften auf beiden Seiten. Die Russen verteidigen die Stadt mit allen Mitteln, um einen Durchbruch von Süden nach Moskau zu verhindern. Hier - im Raume Tula - verläuft noch keine ausgebaute Verteidigungsstellung, und gerade hier stehen nur wenige schlagkräftige Verbände, die von der Flanke her bis zur Metropole der Sowjetunion durchdringen könnten. Bei Tula zeigt sich, daß die deutsche Offensive falsch angesetzt ist, und daß die Panzerverbände des Generalobersten Guderian für eine solche weitreichende Offensive viel zu schwach sind.

Auch die zweite Schlacht um Tula, die Mitte November beginnt, führt nicht zur Inbesitznahme der Industriestadt. Deutsche Panzerverbände können zwar nach Osten und Norden Raum gewinnen, - so werden Wenew und Jefremow besetzt - doch Tula bleibt russisch. Die Panzer und Schützen der 4. Pz. D. stehen Ende November Tula am nächsten. Doch härtester Feindwiderstand in den dichten Wäldern und Temperaturen von -37° lassen jeden Angriff erlahmen.

The battle for Tula has become an embittered struggle between the tank forces of both sides. The Russians defend the city with all available means to prevent the Germans from breaking through to Moscow from the south. It becomes obvious that the German offensive forces are too weak. Tula remains Russian. The temperature has dropped to -37° C.

Die Heeresgruppe Mitte ist Ende November zum letzten Sturm angetreten. Schneegestöber, beißende Kälte und fanatischer Widerstand sind die Kennzeichen dieser Tage. Panzer und Infanterie kämpfen sich im Schneesturm zum Istra-Stausee vor.

At the end of November the Central Army Group has begun the last assault. Snowstorms, biting cold and fanatical resistance are characteristic of these days. Tanks and infantry fight their way through snowstorms to the Istra Dam.

Ein deutscher Panzer in Bereitstellung an einer Feldscheune unweit von Jefremow. Die 18. Pz. D. hat mit der Einnahme dieser Stadt südostwärts von Tula den am weitesten im Osten liegenden Punkt des Feldzuges erreicht.

A German tank in a waiting position at a barn not far from Jefremov. By taking this town southeast of Tula the 18th Tank Division has reached the most easterly position of the campaign.

Eine Infanteriekompanie im Angriff gegen ein Dorf an der Moskwa. Da der Nachschub nicht nachgekommen ist, tragen die Männer trotz der erbarmungslosen Witterung ihr weniges Hab und Gut - Feldflaschen, Brotbeutel und Decke - am Körper.

An infantry company attacking a village on the Moscva. As supplies have not yet arrived the men have their few belongings - canteen, knapsacks, and blankets - on them - and that in such appalling weather.

Die Stoßtrupps der Infanterie und der Panzertruppe kommen stellenweise bis auf 20 km an Moskau heran. Dann reichen Kraft, Betriebsstoff und Munition nicht mehr. Das deutsche Ostheer ist erschöpft. . .

The infantry assault parties and the tank troops come in places within 20 kms of Moscow, but then their strength, fuel and ammunition give out. The German Ostheer is at the end of its tether.

„Verteidigt Moskau!" Plakate mit dieser Inschrift hängen an den Hauswänden in der russischen Metropole, um so die Bevölkerung zum entschlossenen Widerstand aufzurufen.

„Defend Moscow". Posters with these words are on the walls of buildings in the Russian metropolis to call the population to all-out resistance.

151

Die Offensive der Heeresgruppe Mitte gegen Moskau ist gescheitert. Als die sowjetische Gegenoffensive am 5. Dezember beginnt, fluten die deutschen Armeen zurück. Der Rückzug durch Schnee und Eis wird zur Qual für Mensch und Tier - eine Qual, die noch drei Jahre währen sollte.

The offensive of the Central Army Group on Moscow has failed. When the Soviet counter-offensive commences on 5th December the German armies pour back. The retreat through snow and ice is hell for man and animal - a hell that was to last another three years.

Auf der anderen Seite der Front:
In Tula errichten Baubataillone, Milizeinheiten und Komsomolzenorganisationen Straßensperren und Panzer-
barrikaden. Tula ist im November eine uneinnehmbare Festung geworden.

A photo from the Russian side: In Tula road blocks and tank barricades are set up.

Generaloberst Guderian berich-
tet in diesen Tagen: „Die eisige
Kälte, die elenden Unterkünfte,
die mangelhafte Bekleidung, die
hohen Verluste an Menschen
und Material . . . Kampfkraft
der tapferen Truppe ist nach un-
erhörten Anstrengungen am
Ende!"
Deutsche Gefangene werden von
russischen Milizsoldaten nach
Tula gebracht.

German prisoners are taken to
Tula by soldiers of the Russian
militia.

Lage am 1.12.41

Kalinin-Front
29.

Wolga

Kalinin

31.

30.

110. VI. 161.
XXIII. XXVII. 229.
162.

9. XXXXI. 86.

1.Pz.

Klin 36.m. Dmitrow

LVI. 7.Pz. 1.Stoß Armee

6.Pz. 14.m.

3.Pz 23. V. 106. 20.

XXXXVI. 11.Pz. Krasn. Polj.

5.Pz. 16.

IX. 252 55.R. **Moskau**

4.Pz 87.

Moshaisk VII 197 5. West-Front

M XX. 267. 33.

3.m. Nar. Fom.

256. 43.

LVII. 19.Pz.

18. Kolomna

Mal. Jar. 267. Serpuchow

XII. 137.

XIII. 52. 50.

4. 268. 49. Brjansker Front

Kaluga 131. 17.Pz. 10.

Oka 31.

XXXXIII. 29.m.

Tula Wenew Michailow

Lichwin 296. 167 10.m.

Upa 3.Pz. 4.Pz.

Bjelew 2.G.D. 112.

LIII. 25.m. 29.m.

2.Pz XXXXVII. 3.

Plawa

Tschern Don

18.Pz.

2. 9.Pz

293.

Mzenzk XXXXVIII. 16.m.

Jefremow Südwest-Front

XXXIV. 45.

134.

112.

XXXV. 95.

Die 4. Armee beteiligt sich vorerst nicht am Angriff. Die „Rote Armee" war nordwestlich Aleksin zum Gegenstoß übergegangen und hatte das XIII. Armeekorps in eine schwere Krise gestürzt. Die 4. Armee verbleibt in ihren Stellungen zwischen Naro-Fominsk und Aleksin. Von rechts nach links liegen in notdürftig ausgehobenen Gräben : XIII. AK. (260., 52., 17. I. D.), XII. AK. (137., 267., 98. I. D.), LVII. Pz. K. (19. Pz. D., 258., 15. I. D.) und XX. AK. (292., 183. I. D., 3. I. D. mot.). Landser der Stellungsdivisionen müssen stündlich den frisch gefallenen Schnee aus den Gräben schaufeln.

To the northwest of Aleksin the Red Army begins its first counterattack, thus putting the XIIIth German Army Corps in a critical position. Snow has to be shovelled out of the trenches every hour.

Erst nachdem der russische Angriff gegen das XIII. AK. abgeschlagen ist - ein zusammengeschossener russischer Stoßtrupp an der Bahnlinie nach Moskau - tritt die 4. Armee zur Offensive an.

Not until the Russian attack has been repulsed does the 4th Army start its attack.

Das ist der deutsche Frontsoldat Ende November 1941 in der Stellung 50 km westlich von Moskau. Dieser Infanteriestoßtrupp ist mit den ersten aus der Heimat eingetroffenen Pelzjacken, Pelzhandschuhen und Ohrenschützern
ausgerüstet. Die eisige Kälte zaubert überall - auf Uniform wie auch auf Barthaare - glitzernde Eiskristalle.

That is the German soldier at the front at the end of November 1941 50 kms west of Moscow.

Die 4. Panzerarmee ist während der Offensive am erfolgreichsten. Das XXXXVI. Panzerkorps gelangt am 23. 11. bis zum Istra-Stausee. Kampfgruppen der 5. und 11. Pz. D. stürmen über den tiefgefrorenen See nach Süden und Osten. Ein Soldat des Pz. Pionier-Btl. 89 nutzt eine kurze Kampfpause, um eine Scheibe hartgefrorenen Brotes zu essen.

On 23rd November the 4th Tank Army reaches the Istra Dam. The 5th and 11th Tank Divisions advance across the lake to the south and the east. A break in the battle - the bread is frozen hard.

Sanitätssoldaten des Kradschützen-Btl. 61 bringen ihre schwerverwundeten Kameraden auf Handschlitten in Sicherheit.

Stretcher-bearers bringing wounded soldiers on sledges to safety.

157

Nördlich des Istra-Stausees hat das XXXXI. Panzerkorps Raum nach Süden gewonnen. Die Aufklärungs-Abt. 23 dringt in Staroje ein. Von hier sind es noch 30 km bis Moskau!

Reconnaissance Detachment 23 enters Staroje. From here it is still 30 kms to Moscow.

In der Mitte der Front ist inzwischen auch Wolokolamsk gefallen. In dieser Stadt verteidigen sich diese sibirischen Truppen - im Bild eine ihrer Nachschubkolonnen - mit verbissener Härte und Zähigkeit.

Volokolamsk, in the middle of the front, is taken. Siberian troops have defended this town with all their might.

Kampfgruppen der 10. Pz. D. und der SS-Div. „Das Reich" stürmen am 25. November die Stadt Istra nach schwerstem Kampf gegen die 78. sibirische Division. Im Nahkampf Mann gegen Mann nehmen Panzersoldaten und SS-Männer Stadt und Zitadelle in Besitz. Von Istra bleiben nur noch Ruinen.

On 25th November combat groups of the 10th Armoured Division and the SS-Division "Das Reich" storm the city of Istra, which is defended by the 78th Siberian Division. Ruins are all that is left of the town now.

Doch nun geht es an allen Teilen der Front nicht mehr weiter. Der russische Widerstand ist zu gewaltig. Der eigene Nachschub versagt, weder Munition noch Verpflegung noch Ersatz kommen nach. Die ausgebluteten Regimenter graben sich ein. Der Oberbefehlshaber der 4. Panzerarmee gibt am 3. Dezember den Befehl zum Halt!

But now the supply lines break down. Neither food nor ammunition reach the front. The bleeding regiments dig themselves in. Russian resistance has become too strong. On 3rd December the offensive is called off.

Die Verluste auf deutscher Seite sind untragbar geworden. Schon am 4. Dezember stellt auch die 3. Panzerarmee jeden weiteren Angriff ein und einen Tag später bricht die 2. Panzerarmee bei Tula die Schlacht ab. Ein Obergefreiter blickt noch einmal dorthin zurück, wo eine bespannte Kolonne ihr Ende fand. Das Grauen des Infernos um Moskau ist entsetzlich . . .

The losses on both sides are immense. The 2nd Tank Army near Tula also stops fighting. A horsedrawn supply-column comes to an end here.

Das Grauen des winterlichen Infernos um Moskau hinterläßt Spuren auf den Gesichtern der Mitkämpfer, ganz gleich ob sie die Schlacht einmal gesund überstehen, ob sie als Krüppel nach Hause zurückkehren können oder für immer in den Schneegefilden des Ostens zurückbleiben!

Der deutsche Troßfahrer, der schon den 1. Weltkrieg erlebt hat und nun das eisige Entsetzen vor Moskau schauen muß.

A German supply driver, who was in World War I, is now experiencing the horror outside Moscow.

Russische Soldaten tragen einen vollkommen erschöpften Kameraden aus der Feuerstellung zurück.

Russian soldiers carrying a wounded comrade out of the firing-line.

162

Die deutsche Kraft ist Anfang
Dezember erschöpft. Die zur
Verteidigung übergehende
Truppe versucht, eilig und
krampfhaft Stellungen auszu•
heben. Im rückwärtigen Gebiet
werden dazu die Zivilisten verpflichtet.

Russian civilians digging trenches
in the interior.

Noch sind die Stellungen in
zweiter Linie nicht besetzt,
Pioniere legen letzte Hand an
einer Stellung am Ostufer der
Oka an. Die HKL sieht noch
sehr primitiv aus.

Sappers trying to improve
defence lines on the east bank
of the Oka.

Doch die Soldaten der Infanteriedivisionen sind froh, daß
sie in den schmalen Gräben und
windigen Bunkern wenigstens
etwas vor der Kälte geschützt
sind. Bewegungen lassen sich
wirklich nur in den Mittags-
stunden vornehmen, wenn die
Sonne kurze Zeit scheint. Eine
Ablösung rückt in die Vorder-
hangstellung ein. Die Temperaturen sind mittlerweile auf -35°
im Durchschnitt gefallen.

The exhausted soldiers move
into their primitive positions.

Das ist das Ende!
Erfroren irgendwo auf dem Schlachtfeld vor Moskau!

That is the end! Frozen on the battle field - somewhere outside Moscow.

DER RUSSISCHE GEGENSCHLAG

5. Dezember 1941 - 31. Januar 1942

Das Oberkommando der "Roten Armee" plant bereits seit Oktober eine Gegenoffensive, die nicht nur den deutschen Angriff aufhalten, sondern sogar die Heeresgruppe Mitte mit einem Schlag vernichten soll. Der russische Generalstab hat aus den Erfolgen der deutschen "Blitzfeldzüge" gelernt und will jetzt seinerseits durch gewaltige Zangenoperationen das deutsche Ostheer zermalmen.

Die "Rote Armee" stellt sich Ende November/Anfang Dezember zum Gegenschlag bereit. Ohne von der deutschen Luftaufklärung erkannt zu werden, rollen aus den Weiten des Landes 72 neue Divisionen heran, die sich beiderseits Moskaus in die Front einschieben! Mit diesen kräfte- und materialmäßig starken Verbänden will die STAVKA die deutschen Panzerkeile nördlich und südlich von Moskau abschneiden, einen Durchbruch auf den Flügeln erreichen und die Heeresgruppe Mitte ostwärts von Wjasma einkesseln.

Die drei russischen Heeresgruppen "Kalininer Front" (Generaloberst Konjew), "Westfront" (Armeegeneral Schukow) und "Südwestfront" (Marschall Timoschenko) marschieren mit insgesamt 16 Armeen und 19 Fliegerdivisionen auf. Demgegenüber liegen sechs deutsche Armeen und ein dezimiertes Fliegerkorps. Der Kriegsgott wendet sich der anderen Seite zu.

Es ist der 5. Dezember 1941 - da bricht die russische Offensive los! Während Tausende von Geschützen ihre feurigen Lohen auf die deutsche Front werfen und Hunderte von Schlachtflugzeugen die erkannten Stellungen bombardieren, erheben sich die gut bewaffneten Schützendivisionen aus ihren Gräben und stürmen auf breiter Front gegen die deutsche Hauptkampflinie (HKL) vor. Die "Kalininer Front" eröffnet am 5. 12. ihren Angriff, die "West-" und "Südfront" folgen am nächsten Tag.

Der erste Erfolg zeichnet sich im Süden ab. Hier werden die weit auseinandergezogenen Infanteriedivisionen der 2. Armee zwischen Jelez und Liwny einfach überrannt. Russische Panzer- und Schützenrudel stürmen ungeachtet noch haltender Widerstandsnester nach Nordwesten weiter. Nachdem sich der Angriff des südlichen Flügels der "Westfront" bemerkbar macht, zerreißt nun auch die Front der 2. Panzerarmee. Jetzt gibt es keine geordnete Absetzbewegung mehr, sondern nur noch eine hastige Flucht nach Westen. Es sind nur wenige Kampfgruppen, die sich in Dörfern und Städten verbissen zur Wehr setzen, wie z. B. Teile des XXXXIII. Armeekorps in Kaluga.

Es brauchen nicht einmal drei Wochen nach Beginn der Offensive vergehen, da sind 2. Armee (deren Führung General d. Pz. Truppen Schmidt übernimmt) und 2. Panzerarmee endgültig voneinander getrennt. Die Verbindung zur Heeresgruppe Süd bei Kursk ist ebenfalls längst verlorengegangen. Der rechte Flügel der Heeresgruppe existiert praktisch seit den Weihnachtstagen 1941 nicht mehr.
Der Angriff, der frontal westlich Moskau vorgetragen wird, sprengt 4. Armee und

4. Panzerarmee auseinander. Feldmarschall von Bock wird im Oberbefehl der Heeresgruppe durch Feldmarschall von Kluge abgelöst. Generaloberst Guderian wird seines Postens enthoben, Generaloberst Hoepner in schimpflicher Weise aus der Wehrmacht gestoßen.

Hitler übernimmt selbst den Oberbefehl über das Heer und erläßt einen grundsätzlichen Befehl, der mit den Worten beginnt:

"Jeder größere Rückzug ist unzulässig!"

Doch was nutzen Befehle, wenn der Gegner zuschlägt und die unbarmherzige Kälte ihren Tribut fordert? Die 4. Armee weicht über Juchnow und Mohaisk aus und verliert schließlich auch noch die Verbindung zur 4. Panzerarmee. Nördlich davon muß die 3. Panzerarmee Kalinin räumen und sich eilig nach Westen zurückziehen. In jenen Tagen ist hier nichts mehr von einem geordneten deutschen Heer zu sehen. Der Oberbefehlshaber einer Armee notiert in sein Tagebuch: "Die Disziplin beginnt sich zu lockern!"

Die Heeresgruppe weicht Ende des Jahres in einer Breite von 780 km und ohne jeden inneren Zusammenhalt fluchtartig nach Westen aus. Da trifft ein Führerbefehl ein, der jeden weiteren Rückzug verbietet. Die Truppe muß sich dort schlagen, wo sie steht! Die Temperaturen sind inzwischen bis zu -30° abgesunken und der Schnee liegt bis zu 1 m Höhe auf den weiten Einöden. Der Sturm treibt den Schnee in eisigen, weißen Schleiern hinter den zurückgehenden deutschen Verbänden her.

Der russische Angriff läuft pausenlos weiter. Die Einkesselung der deutschen Verbände soll endgültig zwischen Mohaisk-Gshatsk-Wjasma erfolgen. In dieser Phase bricht der Angriff der russischen Heeresgruppe "Nordwestfront" los, der die Trennung der Heeresgruppe Mitte von der Heeresgruppe Nord zur Folge hat. Die deutsche 9. Armee unter ihrem neuen Oberbefehlshaber General der Pz. Truppen Model wehrt sich beiderseits Rshew erbittert und verhindert einen endgültigen Durchbruch der "Roten Armee" von Norden her nach Wjasma.

Ende Januar landen zwischen Wjasma und Jarzewo drei russische Fallschirmjägerbrigaden, um die deutsche Front von rückwärts her aufzureißen. In dieser schwierigen Phase gelingt es der 4. Armee - deren Führung General d. Infanterie Heinrici übernimmt - ihre Front zu stabilisieren und einen direkten Durchbruch der russischen Angriffstruppen zu ihren Luftlandebrigaden zu unterbinden.

Ende Januar zeigt sich allenthalben, daß sich die Angriffswucht der "Roten Armee" abschwächt. Im Süden der Front kann eine gepanzerte Kampfgruppe bei Kursk die Verbindung mit der Heeresgruppe Süd wieder herstellen. Die deutsche Front beginnt sich langsam zu stabilisieren. Da sich inzwischen auch erhebliche Nachschubschwierigkeiten auf russischer Seite bemerkbar machen, lassen die Angriffsschläge merklich nach.

Jahre nach dem Krieg sieht das russische Oberkommando - im Gegensatz zum deutschen - seine Fehler ein und konstatiert:

"Die Überschätzung der eigenen Erfolge wurde nicht den tatsächlichen Gegebenheiten gerecht. Die Zersplitterung der strategischen Reserven führte zum Fehlen der notwendigen Kräfte in Durchbruchslücken. Das Verzetteln der Panzer- und Kavallerieverbände ließ keine Schwerpunktbildung zu. Diese Fehler der obersten Führung führten schließlich dazu, daß sich die deutschen Kräfte fangen und zur Verteidigung einrichten konnten."

Die deutsche Führung hatte die Schlacht um Moskau ohne Schwerpunktbildung und ohne jedes strategische Konzept begonnen. Auf der anderen Seite verkannte die russische Führung ihre gewaltigen Möglichkeiten zur Ausnutzung des eigenen Kräftepotentials. Die Schlacht um Moskau klingt endgültig im Frühjahr 1942 aus. Das winterliche Inferno um der Hauptstadt der Sowjet-Union gehört der Vergangenheit an.

Der deutsche Angriff bleibt in den ersten Dezembertagen an allen Abschnitten liegen. Die Kraft reicht einfach nicht mehr, den energischen russischen Widerstand zu brechen. Der Winter tut sein übriges, um das deutsche Ostheer - das weder für den Winterkrieg geschult noch dafür ausgerüstet ist - endgültig zu bezwingen. Sonnenklar und eisigkalt sind die Tage des Dezembers 1941 im Mittelabschnitt der Ostfront. Ein Stimmungsbild aus Malo Archangelsk südostwärts von Orel.

The offensive has come to a stop just outside Moscow. These December days of 1941 are bright and bitterly cold. Malo Archangelsk south-east of Orel.

Der deutsche Soldat fühlt sich einsam und verlassen. Einsam in dieser Einöde aus Schnee und Eis zwischen Wolga und Oka, verlassen von einer unrealistisch handelnden Führung. Viele fragen sich: Wie wird es weitergehen? Doch keiner weiß eine Antwort.

The German soldier feels lonely and deserted. In the wasteland between Volga and Oka.

Tag und Nacht kommen die Infanteristen nicht zur Ruhe. Tagsüber sind sie dem Artilleriefeuer des Gegners ausgesetzt, und nachts bauen sie rückwärtige Stellungen oder schaufeln den meterhohen Schnee beiseite.

Infantrymen on their way to their positions.

Die Schlacht um Moskau ist Ende November/Anfang Dezember 1941 bereits verloren, noch bevor die russische Gegenoffensive einsetzt. Der Widerstandswille der „Roten Armee" sowie die grausame Härte des Winters und die Unwirtlichkeit der weiten Einöden und der dichten Urwälder sind stärker als jeder Einsatzwille. Der Soldat des deutschen Ostheeres, der fast ein halbes Jahr lang marschiert, gekämpft und geblutet hat, ist ohne Hoffnungen, gerade so wie dieser Spähtrupp der 131. I. D. irgendwo auf der schneebedeckten Ebene bei Aleksin.

Reconnaissance patrol of the 131st Infantry Division on the snow-covered plain near Aleksin.

Dagegen hat die militärische Führung der „Roten Armee" seit Wochen zielbewußt eine Gegenoffensive vorbereitet, die nicht nur die deutschen Armeen vor Moskau zurückdrängen, sondern die die Heeresgruppe Mitte zerschlagen soll. Schützen- und Panzerdivisionen werden durch Moskau (Bild oben) geschleust und westlich der Stadt in Stellung gebracht.

The Red Army has had its counter-offensive prepared for a long time. Rifle and armoured divisions marching through Moscow to the front.

Der Staatspräsident der UdSSR, Kalinin, besichtigt die nördlich von Moskau bereitgestellte 1. Stoß(Panzer-)Armee. Er schreitet mit dem Oberbefehlshaber, Generalleutnant Kuznezov, die Front der aufgestellten Schützenregimenter ab.

The President of the USSR, Kalinin, inspecting the 1st Assault Army.

Die russische Gegenoffensive beginnt am frühen Morgen des 5. Dezembers 1941. Hunderte von Geschützen aller Kaliber - oben: eine Batterie Salvengeschütze, die sogenannten „Stalinorgeln" - brüllen auf und eröffnen die neue Schlacht. Die Heeresgruppe „Kalininer Front" unter Generaloberst Konjew greift mit fünf Armeen in ganzer Breite zwischen den Waldaihöhen und Kalinin nach Süden an. Die Eintragung in dem Tagebuch des OKW an diesem Tag lautet:

> „Bei 9. Armee beginnt der für den heutigen Tag erwartete russische Angriff beiderseits Kalinin und dauert in unverminderter Heftigkeit den ganzen Tag über an. Es gelingt dem Feind, bei 86., 162. und 161. I. D. die Straße Kalinin-Klin zu überschreiten . . . Wetter: Frost bis -35°."

Die Offensive weitet sich am nächsten Tag aus. Jetzt treten die Heeresgruppe „Westfront" (Armeegeneral Schukow) und „Südwestfront" (Marschall Timoschenko) mit 88 Schützen-, 15 Kavalleriedivisionen und 24 Panzerbrigaden an! Dazu stürzen sich Kampf- und Jagdflugzeuge von 20 Fliegerdivisionen auf die entkräfteten, frierenden und hungernden deutschen Soldaten.

Die deutsche Front wankt schon am ersten Schlachttag. Die gefährlichste Krise entsteht im Süden, wo es den drei russischen Armeen (3., 13. und 61.) gelingt, im Ansturm die ausgedehnte Front der 2. deutschen Armee zwischen Jefremow und Liwny aufzureißen.

Early on the morning of 5th December 1941 the Russian offensive begins. Hundreds of guns open the battle. The German front already begins to topple on the first day. The German lines crack near Jefremov and Livny.

Fluchtartig weichen die Verteidiger zurück. Es gibt kein Halten mehr. Nur dort, wo beherzte Offiziere und Unteroffiziere im energischen Einsatz ihre Kampfgruppen in der Hand behalten, gelingt es für Stunden, den anbrandenden russischen Wellen Widerstand zu leisten. Doch diese Widerstandsnester werden bald von Panzer- oder Kavalleriekräften überrannt.

For the first time German soldiers hastily retreat. Pockets of resistance are overrun by Russian tank or cavalry units.

Es gibt in diesen Dezembertagen kein organisiertes Absetzen auf rückwärtige Stellungen. Kompanien, Gruppen und Einzelkämpfer suchen nun ihr Heil im Westen. Dort, wo noch Panjegefährte und sonstige Fahrzeuge existieren, werden diese mit Gepäck und anderen Habseligkeiten beladen. Alle haben nur einen Gedanken: Fort!

A general flight to the west.

Einzelne Widerstandsnester bilden sich dort, wo intakte Batterien der Artillerie und Flak stehen, die auf Grund der angespannten Lage der Zugfahrzeuge nicht mehr weggebracht werden können. Die beiden Flakkorps I und II, die den Armeen der Heeresgruppe Mitte zugeteilt sind, erweisen sich in den Dezembertagen stellenweise als Rückgrat der Truppe. Ein 3,7cm-Flakgeschütz sichert ein Nachschublager bei Kalinin (Bild oben).

Anti-aircraft Corps I and II prove to be the backbone of the forces at this time.

Eine schwere Batterie (8,8cm Flak) des Flak-Rgt. 104 in offener Feuerstellung im Kampfraum Tula-Jefremow. Das Flak-Rgt. 104, das zur Unterstützung der 2. Panzerarmee eingesetzt ist, hat vom 22. Juni 1941 bis zum Ende der Winterschlacht (1. 4. 1942) folgende Erfolge u. a. erzielt: 252 Flugzeugabschüsse, 106 Panzer abgeschossen, 22 Batterien zum Schweigen gebracht, 288 MG-Nester vernichtet.

A heavy battery (88mm AA-gun) in the battle area of Tula - Jefremow.

Der Erfolg der russischen Gegenoffensive zeichnet sich an allen Teilen der Front ab. Bei Tula werfen Teile der 10. Sowjetarmee und des I. Garde-Kavalleriekorps (Bild oben) die 2. Panzerarmee zurück, reißen die deutschen Divisionen auseinander und brechen in einer Breite von 70 km bis in den Raum Orel durch!

The Soviets inject more and more divisions into the battle. Here the Ist Cavalry Guard Corps attacking the 2nd German Tank Army, thus tearing the German divisions apart and breaking through to the Orel area.

Die 5., 33., 43. Sowjetarmee und das II. Garde-Kavalleriekorps (Bild unten) drängen die 4. Armee und 4. Panzerarmee zwischen Juchnow und Mohaisk zurück. Der Zusammenhalt beider deutschen Armeen ist Mitte Dezember verloren!

Russian troops attack everywhere , pushing back the 4th Army between Juchnov and Mohaisk.

Hitler greift energisch in die Führung der Heeresgruppe ein, die sich mühsam und unter Opfern zwischen Klin (Bild oben) und Kursk (Bild unten) zurückkämpft. Er löst nicht nur den Oberbefehlshaber des Heeres, sondern auch den Oberbefehlshaber der Heeresgruppe Mitte ab. Er ordnete in einem Grundsätzlichen Befehl an,daß die Truppen - ganz gleich wo und wie - sich zu verteidigen haben!

Hitler dismisses the C-in-C of the Army and the C-in-C of the Central Amry Group. He orders the troops - no matter where they are - to defend themselves.

Doch nirgendswo gelingt es in den ersten zwei Wochen nach Beginn der russischen Offensive, die Front zum Halten zu bringen. Die auseinandergesprengten Divisionen kämpfen sich unter Zurücklassung des schweren Materials und der Fahrzeuge in einzelnen Kampfgruppen nach Westen. Hier finden sich nur noch wenige Männer einer Kompanie zu einer Verschnaufpause in einer Schneemulde ein.

Nevertheless in the first weeks after the begin of the Russian offensive it is not possible anywhere to stop the front.

Eine kurze Rast in einem ehemaligen Etappenort wird zum Aufwärmen benutzt. Doch viel Zeit bleibt nicht, denn die russischen Panzer sind dicht „auf den Fersen".

A short break to get warm. There is not much time for the Russian tanks are there again.

Vorbei geht der Rückmarsch an den abgeschossenen Kampfwagen aus der Zeit der eigenen Oktoberoffensive.

On the retreat past destroyed tanks from the October offensive.

Irgendwo zurück bleiben die bisher so treuen Pferde. Es gibt für sie kein Futter mehr, und es ist auch keiner da, der für sie sorgen kann.

Somewhere even the faithful horses have to be left behind. There is no more food and no one to look after them.

Troßeinheiten der 3. Panzerarmee machen ihre bisherigen Unterkünfte zur Sprengung fertig. Auf Befehl des OKH darf kein Dorf intakt dem Gegner in die Hände fallen.

Everywhere they prepare to blow up the places where they have stayed the night.

FERNSCHREIBEN
DES OBERKOMMANDOS DER WEHRMACHT
VOM 20. 12. 1941

An das
Oberkommando des Heeres

1. Halten und Kämpfen bis zum Äußersten. Keinen Schritt freiwillig zurückgehen. Durchgebrochene bewegliche Teile des Feindes müssen rückwärts erledigt werden.

2. Dadurch Zeitgewinn erzielen für:
   a) Verbesserung der Transportleistungen,
   b) Heranbringen der Reserven,
   c) Abschub wertvollen noch instandzusetzenden Materials,
   d) stützpunktartiger Ausbau einer rückwärtigen Linie.

3. Energische Offiziere einsetzen, um
   a) an den Eisenbahnendpunkten die Züge zu beschleunigen und voll auszunutzen,
   b) den Abschub zu organisieren,
   c) die Versorgungsstützpunkte zur Verteidigung einrichten.

4. Alle in der Heimat und im Westen verfügbaren Verbände nach dem Osten bringen. . .

5. Gefangene und Einwohner rücksichtslos von Winterbekleidung entblößen. Die preisgegebenen Gehöfte niederbrennen.

6. - 12. . . .

Bild links:

Die deutschen Armeen sind innerhalb von drei Wochen restlos geschlagen und zum unorganisierten Rückzug gezwungen. Die 2. Armee im Süden ist bis auf die Linie Kursk - Malo Archangelsk zurückgedrückt, die 2. Panzerarmee kämpft um Sein oder Nichtsein zwischen Orel und Kaluga, die 4. Armee und 4. Panzerarmee weichen auf Brjansk und Wjasma aus, die 3. Panzerarmee räumt Klin und Kalinin, und die 9. Armee krallt sich zwischen Rshew und Wjasma in den steinharten Boden.
Da es keine zusammenhängende Front gibt, von einer durchlaufenden HKL (Hauptkampflinie) keine Rede sein kann, liegt es an kleinen und kleinsten Kampfgruppen - hier die Bedienung eines 8cm-Granatwerfers - daß die Front überhaupt nicht bricht!

Within 3 weeks the German armies are completely beaten and forced to retreat. There is no unified front. Small, and even tiny, combat groups fight for their survival.

181

Die im besetzten Westen freizumachenden Divisionen und Ersatztruppenteile aus der Heimat werden Ende Dezember beschleunigt an die Ostfront transportiert, um die entstehenden Lücken zu füllen. Diese überhaupt nicht für den Winterkrieg ausgerüsteten und teilweise überhaupt nicht als vollwertig anzusprechenden Verbände marschieren einem Fiasko entgegen.

Hurridly divisions from France and from the Reich are transported to the east. Many are not equipped for the winter war and march into a fiasco.

Eisenbahntransporte und motorisierte Kolonnen (Bild unten) bringen in den nächsten Wochen insgesamt fünf Divisionen aus der Heimat und zwölf Divisionen aus dem Westen an die Ostfront, davon werden zur Heeresgruppe Mitte allerdings nur ein Drittel transportiert.

Five divisions from the Reich and 12 from France are thrown into the eastern front in the next few weeks.

Der Durchbruch der russischen Armeen bei der Heeresgruppe Mitte gibt Hitler Anlaß, die Oberbefehlshaber der Armeen auszuwechseln. General d. Pz. Truppen Model (links) übernimmt am 16. 1. 1942 die Führung der um Rshew kämpfenden 9. Armee.

In these critical days Hitler gives General Model the command of the 9th Army fighting round Rshev.

Generaloberst Reinhardt hat mit Beginn des Unternehmens „Taifun" den Oberbefehl der 3. Panzerarmee inne.

Generaloberst Reinhardt, Commander of the 3rd Panzer Army.

General d. Infanterie Heinrici (Bildmitte) steht seit 20. 1. 1942 an der Spitze der 4. Armee.

From 20. 1. 1942 General Heinrici is at the head of the 4th Army.

Ende Februar/Anfang März 1942
gelingt es endlich, die eigene
Front langsam zu stabilisieren.
Ein „T-34" bleibt nach einem
vergeblichen Angriff auf
Ssytschewka zerschoßen liegen.

At the end of February and the
beginning of March the front is
successfully stabilized. The
Soviets with their tanks attacks
also suffer heavy losses.

Die 50. Sowjetarmee besetzt
bei ihrem Angriff auf Wjasma
Ende Februar 1942 die Stadt
Juchnow, ein Schlüsselpunkt in
der Front der 4. Armee.

At the end of February 1942
the 50th Soviet Army occu-
pies the town of Juchnov and
advances towards Vjasma.

Der noch um Kaluga haltende
Frontvorsprung wird ab 15. Januar 1942 geräumt.

On 15th January Kaluga is
vacated.

Dort, wo Front ist, bleibt nichts mehr am Leben. Die Dörfer und Gehöfte sind in Flammen aufgegangen, die Zivilbevölkerung hat sich in die Wälder verzogen, nur noch herrenloses Vieh treibt sich im Niemandsland herum.

Life has died out in the villages ravaged by war. The civilian population has crept off into the woods. Only homeless animals wander around.

Die 9. Armee versteht es, den russischen Einbruch auf Wjasma westlich von Rshew abzuriegeln und durch rasche Verschiebung von Truppen sogar die 39. Sowjetarmee zwischen Rshew und Belij einzukesseln. Es ist der erste Erfolg im neuen Jahr!

The 9th Army is able to block the Russian attack west of Rshev and even to box the 39th Soviet Army in near Belij.

Die russische Offensive beginnt sich nach gewaltigen Anfangserfolgen - hier stürmen Gardesoldaten die Stadt Mohaisk - Ende Februar/Anfang März totzulaufen.

Russian Guards attack the town of Mohaisk, yet the Russian offensive is on the wane.

Die Schlacht um Moskau klingt in den nächsten Wochen und Monaten endgültig aus. Die deutschen Truppen haben alles im Herbst und Winter gewonnene Gelände aufgeben müssen. Die Front verläuft schließlich von Rshew (im Norden) in einer einigermaßen geraden Linie bis nördlich Brjansk, biegt hier nach Mzensk aus und reicht in einem Frontbogen bis ostwärts Kursk. Ein russischer Arzt verbindet die erfrorenen Füße deutscher Kriegsgefangener.

The German troops have had to give up all the land they gained in the autumn and winter. A Russian doctor bandaging the frost-bitten feet of a German prisoner-of-war.

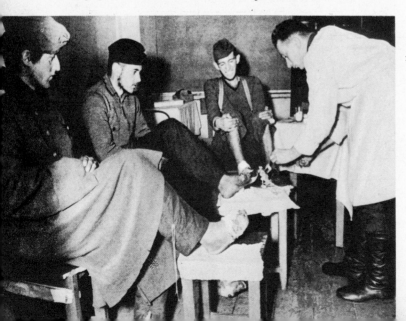

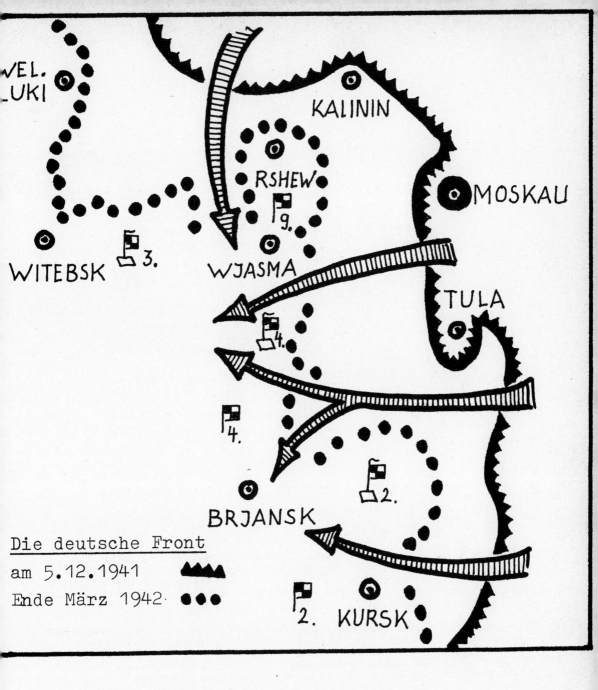

DIE RUSSISCHE GROSSOFFENSIVE 1941/42

Ziel der russischen Großoffensive ist die restlose Zerschlagung der Heeresgruppe Mitte durch vier konzentrische Stoßkeile, die jeweils die einzelnen Armeen einkesseln sollen. Die Durchbruchsgruppen der „Roten Armee" erreichen ihre Ziele Wjasma, Brjansk und Kursk nicht und ermöglichen, daß sich Ende März 1942 die deutsche Front wieder stabilisiert.

Die Heeresgruppe Mitte ist geschlagen. Sie ist im Inferno vor Moskau zersprengt und zurückgetrieben. Zehntausende von Offizieren, Unteroffizieren und Mannschaften liegen gefallen oder erfroren in den Weiten zwischen der Wolga im Norden und dem Sejm im Süden. Andere Tausende ziehen in die Gefangenschaft für fünf oder zehn Jahre - Bild oben zeigt eine deutsche Gefangenenkolonne bei Tula, Januar 1942 - und für viele gibt es aus dieser Gefangenschaft keine Rückkehr mehr!

The Central Army Group is beaten. It was routed in the inferno outside Moscow and scattered. Tens of thousands of officers and men lie dead or frozen in the vast area of the Volga in the north and the Sejm in the south. Thousands go into captivity for the next five or ten years.
A Column of German prisoners near Tula in January 1942.

31. Januar: Im Raum nordostwärts von Kursk führte ein Gegenangriff deutscher Infanterie und Panzertruppen unter der Führung von Generalmajor Breith nach mehrtägigen Kämpfen zu einem vollen Erfolg.

3. Panzerdivision
Wehrkreis III Berlin
Pz.-Grenadierregiment 3, 394
Panzerregiment 6
Pz.-Artillerieregiment 75

25. Panzergrenadierdivision
Wehrkreis V Stuttgart
Gren.-Regiment (mot.) 35, 119
Panzerabteilung 5
Artillerieregiment 25

10. Februar: Bei der erfolgreichen Abwehr schwerster Massenangriffe des Gegners zeichneten sich die württembergische 25. motorisierte Infanteriedivision und die SS-Legion Flandern besonders aus.

21. Februar: Im mittleren Abschnitt der Ostfront hat die Armee des Generals der Panzertruppen Model in vierwöchigen harten Kämpfen unter schwierigsten Witterungsbedingungen die Masse einer feindlichen Armee eingeschlossen und vernichtet sowie starke Teile einer weiteren Armee zerschlagen.

11. März: In den Kämpfen des 5. März zeichnete sich der Oberleutnant Cabanis, Kompaniechef im Infanterieregiment „Großdeutschland", besonders durch außerordentliche Tapferkeit aus.

Panzergrenadierdivision Großdeutschland
Wehrkreis III Berlin
Panzergrenadierregiment GD
Panzerfüsilierregiment GD
Panzerregiment GD
Artillerieregiment GD

134. Infanteriedivision
Wehrkreis IV Dresden
Grenadierregiment
439, 445 und 446
Artillerieregiment 134

16. März: Bei der Abwehr starker, sich wochenlang wiederholender Angriffe des Feindes hat sich die sächsische 134. Infanteriedivision besonders ausgezeichnet.

Die Schlacht um Moskau ist beendet. Unzählige Soldaten beider Seiten fielen auf diesem blutgetränkten Boden.
Für die deutschen Truppen war es der Anfang vom Ende, wenn auch der Krieg noch drei lange Jahre währen
sollte . . .

The battle for Moscow is over. Countless soldiers on both sides fell on this blood-soaked ground. For the Germans
it was the beginning of the end, even though the war was to last another three long years.

ANLAGEN

GLIEDERUNG DER HEERESGRUPPE MITTE AM 21. 6. 1941

Ob.Bfh.:	Gen.Feldm. v. Bock
Chef d. St.:	Gen.Maj. v. Greiffenberg

H.Gr.Res.:

Gen.Kdo. LIII. Armeekorps

Kom.Gen.:	Gen. d. Inf. Weisenberger
Chef d. St.:	Oberst i. G. Waeger

293. Infanterie-Division

Kdr.:	Gen.Lt. v. Obernitz
Ia:	Obstlt. i. G. Rauser

Kommandierender General der Sicherungstruppen und
Bfh. rückw. Heeresgebiet 102

Bfh.:	Gen. d. Inf. v. Schenckendorff
Chef.d.St.:	Obstlt. i. G. Rübesamen

Panzergruppe 2

Bfh.:	Gen.Oberst Guderian
Chef d.St.:	Obstlt. i. G. Frhr. v. Liebenstein

Gen.Kdo.XXXXVI. Armeekorps(mot.)

Kom.Gen.:	Gen.d.Pz.Tr. v. Vietinghoff gen. Scheel
Chef d.St.:	Obstlt. i. G. v. d. Burg

SS-Division „R" (mot.)

Kdr.:	SS-Gruppenführer Hausser
Ia:	SS-Obersturmbannführer Ostendorff

10. Panzer-Division

Kdr.:	Gen.Lt. Schaal
Ia:	Major i.G. Görhardt

Infanterie-Regiment „G.D." (mot.)

Kdr.:	Oberst v. Stockhausen

Gen.Kdo. XXXXVII. Armeekorps (mot.)

Kom.Gen.:	Gen. d. Art. Lemelsen
Chef d. St.:	Oberst i. G. Bamler

18. Panzer-Division

Kdr.:	Gen.Maj. Nehring
Ia:	Major i. G. Estor

17. Panzer-Division

Kdr.:	Gen.Lt. v. Arnim
Ia:	Major i. G. v. Bonin

29. Infanterie-Division (mot.)

Kdr.:	Gen.Maj. v. Boltenstern
Ia:	Obstlt. i. G. Franz

167. Infanterie-Division
Kdr.:   Gen.Lt. Schönhärl
Ia: Major i. G. Niklaus

Gen.Kdo. XII. Armeekorps
Kom.Gen.:   Gen. d. Inf. Schroth
Chef d.St.:   Obstlt. i. G. v. Waldenburg

34. Infanterie-Division
Kdr.:   Gen.Lt. Behlendorff
Ia: Major i. G. Heinrich

45. Infanterie-Division
Kdr.:   Gen.Maj. Schlieper
Ia: Major i. G. Dettmer

31. Infanterie-Division
Kdr.:   Gen.Maj. Kalmukoff
Ia: Major i. G. Ullrich

Gen.Kdo. XXIV. Armeekorps (mot.)
Kom.Gen.:   Gen. d. Kav. Frhr. Geyr v. Schweppenburg
Chef d.St.:   Oberst i. G. Schilling

1. Kavallerie-Division
Kdr.:   Gen.Maj. Feldt
Ia: Major i. G. v. Menges

267. Infanterie-Division
Kdr.:   Gen.Maj. v. Wachter
Ia: Major i. G. v. Trotha

4. Panzer-Division
Kdr.:   Gen.Maj. Frhr. v. Langermann u. Erlenkamp
Ia: Obstlt. i. G. Heidkämper

3. Panzer-Division
Kdr.:   Gen.Lt. Model
Ia: Major i. G. Pomtow

10. Infanterie-Division (mot.)
Kdr.:   Gen.Lt. v. Loeper
Ia: Major i. G. v. Unold

zur Verfügung der Panzer-Gruppe

255. Infanterie-Division
Kdr.:   Gen.Lt. Wetzel
Ia: Major i. G. Metzke

Armeeoberkommando 4
Ob.Bfh.:   Gen.Feldm. v. Kluge
Chef d.St.:   Oberst i. G. Blumentritt

Gen.Kdo. XIII. Armeekorps

Kom.Gen.:   Gen. d. Inf. Felber
Chef d.St.:   Oberst i. G. Hofmann

78. Infanterie-Division
Kdr.:
Ia:

Gen.Lt. Gallenkamp
Major i. G. Pfeiffer

17. Infanterie-Division
Kdr.:
Ia:

Gen.Lt. Loch
Major i. G. Dieckmann

Gen.Kdo. VII. Armeekorps
Kom.Gen.:
Chef d.St.:

Gen. d. Art. Fahrmbacher
Oberst i. G. Krebs

7. Infanterie-Division
Kdr.:
Ia:

Gen.Lt. Frhr. v. Gablenz
Obstlt. i. G. Reichelt

258. Infanterie-Division
Kdr.:
Ia:

Gen.Maj. Dr. Henrici
Major i. G. Pflanz

268. Infanterie-Division
Kdr.:
Ia:

Gen.Maj. Straube
Major i. G. Spitzer

23. Infanterie-Division
Kdr.:
Ia:

Gen.Maj. Hellmich
Major i. G. Frhr. v. Roenne

221. Sicherungs-Division
Kdr.:
Ia:

Gen.Lt. Pflugbeil
Hptm. i. G. Hübner

Gen.Kdo. IX. Armeekorps
Kom.Gen.:
Chef d.St.:

Gen. d. Inf. Geyer
Obstlt. i. G. v. Linstow

292. Infanterie-Division
Kdr.:
Ia:

Gen.Maj. Dehmel
Major i. G. Meichßner

137. Infanterie-Division
Kdr.:
Ia:

Gen.Lt. Bergmann
Major i. G. Meyer-Detring

263. Infanterie-Division
Kdr.:
Ia:

Gen.Maj. Haeckel
Major i. G. Sartorius

Gen.Kdo. XXXXIII. Armeekorps
Kom.Gen.:
Chef d.St.:

Gen. d. Inf. Heinrici
Oberst i. G. Schulz

131. Infanterie-Division
Kdr.:
Ia:

Gen.Maj. Meyer-Buerdorf
Major i. G. Merker

134. Infanterie-Division
Kdr.:   Gen.Lt. v. Cochenhausen
Ia: Major i. G. Richtert

252. Infanterie-Division
Kdr.:   Gen.Lt. v. Boehm-Bezing
Ia: Major i. G. v. Schoenfeld

zur Verfügung der Armee:

286. Sicherungs-Division
Kdr.:   Gen.Lt. Müller
Ia: Hptm. i. G. Schelm

Armeeoberkommando 9
Ob.Bfh.:   Gen.Oberst Strauß
Chef d.St.:   Oberst i. G. Weckmann

Gen.Kdo. VIII. Armeekorps

Kom.Gen.:   Gen. d. Art. Heitz
Chef d.St.:   Oberst i. G. Steinmetz

8. Infanterie-Division
Kdr.:   Gen.Maj. Höhne
Ia: Major i. G. Deyhle

28. Infanterie-Division
Kdr.:   Gen.Lt. Sinnhuber
Ia: Major i. G. Gundelach

161. Infanterie-Division
Kdr.:   Gen.Maj. Wilck
Ia: Major i. G. v. Natzmer

Gen.Kdo. XX. Armeekorps
Kom.Gen.:   Gen. d. Inf. Materna
Chef d.St :   Oberst i. G. Vogel

162. Infanterie-Division
Kdr.:   Gen.Lt. Franke
Ia: Major i. G. Frhr. v. Hammerstein-Gesmold

256. Infanterie-Division
Kdr.:   Gen.Lt. Kauffmann
Ia: Major i. G. v. Warburg

Gen.Kdo. XXXXII. Armeekorps
Kom.Gen.:   Gen. d. Pi. Kuntze
Chef d.St.:   Oberst i. G. Ziegler

87. Infanterie-Division
Kdr.:   Gen.Lt. v. Studnitz
Ia: Major i. G. Manthey

102. Infanterie-Division
Kdr.:   Gen.Maj. Ansat
Ia: Obstlt. i. G. Tschirdewahn

129. Infanterie-Division
Kdr.:   Gen.Maj. Rittau
Ia: Major i. G. Sachenbacher

zur Verfügung der Armee:

403. Sicherungs-Division
Kdr.:   Gen.Maj. v. Ditfurth
Ia: Hptm. i. G. Willers

Panzergruppe 3
Bfh.:   Gen.Oberst Hoth
Chef d.St.:   Obstlt. i. G. v. Hünersdorff

Gen.Kdo. VI. Armeekorps
Kom.Gen.:   Gen. d. Pi. Förster
Chef d.St.:   Obstlt. i. G. Degen

6. Infanterie-Division
Kdr.:   Gen.Lt. Auleb
Ia: Major i. G. Laßmann

26. Infanterie-Division
Kdr.:   Gen.Maj. Weiß
Ia: Major i. G. Lassen

Gen. Kdo. XXXIX. Armeekorps (mot.)
Kom.Gen.:   Gen. d. Pz.Tr. Schmidt
Chef d.St.:   Oberst i. G. Hildebrand

7. Panzer-Division
Kdr.:   Gen.Maj. Frhr. v. Funck
Ia: Major i. G. Berger

20. Panzer-Divsion
Kdr.:   Gen.Lt. Stumpff
Ia: Major i. G. v. Gersdorff

20. Infanterie-Division (mot.)
Kdr.:   Gen.Maj. Zorn
Ia: Major i. G. Ziegler

14. Infanterie-Division (mot.)
Kdr.:   Gen.Maj. Fürst
Ia: Major i. G. Bennecke

Gen.Kdo. V. Armeekorps
Kom.Gen.:   Gen. d. Inf. Ruoff
Chef d.St.:   Oberst i. G. Schmidt

5. Infanterie-Division
Kdr.:   Gen.Maj. Allmendinger
Ia: Major i. G. Schultze

35. Infanterie-Division
Kdr.:   Gen.Lt. Fischer v. Weikersthal
Ia: Major i. G. Baumann

Gen.Kdo. LVII. Armeekorps (mot.)
Kom.Gen.:   Gen. d. Pz.Tr. Kuntzen
Chef d.St.:   Obstlt. i. G. Fangohr

12. Panzer-Divsion
Kdr.:   Gen.Maj. Harpe
Ia: Major i. G. Bergengruen

19. Panzer-Division
Kdr.:   Gen.Lt. v. Knobelsdorff
Ia: Obstlt. i. G. Ritter und Edler v. Dawans

18. Infanterie-Division (mot.)
Kdr.:   Gen.Maj. Herrlein
Ia: Major i. G. Nolte

Anlage 2

GLIEDERUNG DER HEERESGRUPPE „WESTLICHER BESONDERER MILITÄRBEZIRK" AM 22. 6. 1941

Westlicher Besonderer Militärbezirk
(Hauptquartier Minsk)
Oberbefehlshaber: Armeegeneral Pawlov
Chef d. Gen.St.:   Generalmajor Klimowskich
Kriegsrat: Korpskommissar Fominych
Reserven: X. Schützenkorps (Moledetschno)
                                mit 24., 75.Schtz.D., 50.Pz.Brig.

3. Armee
(Hauptquartier Grodno)
Oberbefehlshaber: Generalleutnant Kusnezov
Reserven: 150., 184., 194. Schtz.D., 5., 22., 28. Pz.Brig., 29. Kav.D.
        XI. Schtz.K. (Olita) mit 23., 84., 188. Schtz.D., 128. mech.Brig.
        XXIX. Schtz.K. (Grodno) mit 27., 56., 143. Schtz.D.

4. Armee
(Hauptquartier Kobrin)
Oberbefehlshaber: Generalmajor Korobkov
Reserven: 45., 120., 121. Schtz.D.
        IV. Schtz.K. (Brest-Litowsk) mit 10., 40., 85., 141. Schtz.D., 54. Pz.Brig.
        VII. Schtz.K. (Kobrin) mit 13., 49., Schtz.D., 11. Kav.D.

10. Armee
(Hauptquartier Bialystock)
Oberbefehlshaber   Generalmajor Golubjov
Reserven: III. Schtz.K. (Slonim) mit 5., 34., 89., 129., 145. Schtz.D.,
                          12. Kav.D.
         XII. Schtz.K. (Bialystock) mit 30. Schtz.D., 2. mech.Brig., 4. Kav.Div.
         VI. mech.K. (Bialystock) mit 86. Schtz.D., 9., 23., 29. Pz.Brig.,
                          1. und 2. Kav.Div.
         VI. Kav.K. (Lomscha) mit 6., 14. Kav.D., 146. Schtz.D.

Anlage 3

BEFEHL DER HEERESGRUPPE MITTE ZUM UNTERNEHMEN „TAIFUN" AM 26. 9. 1941

1) Nach langer Wartezeit tritt die Heeresgruppe erneut zum Angriff an.

2) 4. Armee mit unterstellter Panzergruppe 4 greift mit Schwerpunkt beiderseits der Straße Roslawl-Moskau an. Nach gelungenem Durchbruch schwenkt die Armee, unter Sicherung nach Osten, mit starken Kräften gegen die Autobahn Smolensk-Moskau beiderseits Wjasma ein.

3) 9. Armee mit unterstellter Panzergruppe 3 durchbricht die feindlichen Stellungen zwischen der Autobahn und der Gegend um Bjeloj und stößt bis zur Bahn Wjasma-Rshew durch. Der Hauptstoß, der von starker Infanterie dauernd unterstützten schnellen Kräfte, ist in Richtung Cholm (50 km südostwärts Bjeloj) zu führen, ihr Eindrehen ostwärts des oberen Dnjepr gegen die Autobahn bei und westlich Wjasma ist beabsichtigt. Der Angriff der Armee ist in der Nordflanke zu sichern.

4) Auf den inneren Flügeln der 4. und 9. Armee zwischen der Gegend von Jelnja und der Autobahn ist, so lange nicht auch auf diesen Fronten angetreten werden kann, der Angriff planmäßig vorzutäuschen und durch scharf zusammengefaßte Einzelvorstöße mit begrenzten Zielen der Feind nach Möglichkeit zu fesseln.

5) 2. Armee deckt die Südflanke der 4. Armee. Sie durchbricht hierzu die Desna-Stellung mit Schwerpunkt auf ihrem Nordflügel und stößt in Richtung Suchinitshi durch. Gegen das Stadt- und Industriegebiet von Brjansk hat sich die Armee zu sichern. Die Möglichkeit, das Stadt- und Industriegebiet durch Handstreich wegzunehmen, ist unbeschadet der Trennungslinie zu Panzergruppe 2 auszunutzen.

6) Panzergruppe 2 stößt - voraussichtlich 2 Tage vor Angriffsbeginn der Armeen antretend - über die Linie Orel-Brjansk vor. Der rechte Flügel ist am Oka-Abschnitt anzulehnen. Ihr linker Flügel rollt die Desna-Stellung von Süden her auf und beseitigt den Feind im Desna-Bogen im Zusammenwirken mit 2. Armee. Das Stadt- und Industriegebiet von Brjansk ist durch einen schnellen Verband, wenn es im ersten Anlauf gelingt, wegzunehmen. Andernfalls ist es zunächst abzuschließen und später durch Kräfte des Höh.Kdo.XXXV in Verbindung mit der Luftwaffe zu nehmen.

7) Trennungslinien ...

8) Heeresgruppe Süd führt ihren Nordflügel (6. Armee) in allgemein ostwärtiger Richtung, nördlich Charkow vorbei, vor.
Heeresgruppe Nord sichert mit 16. Armee in allgemeiner Linie Seengebiet nördlich Seliger-See.

9) Die verstärkte Luftflotte 2 wird die russische Luftwaffe vor der Heeresgruppe zerschlagen und den Angriff der Armeen und Panzergruppen mit allen Mitteln unterstützen. Angriffe gegen die Industrie im Moskauer Raum treten hinter diesen Aufgaben zurück und werden erst durchgeführt, wenn die Erdlage es gestattet. Um die Versorgung des Feindes und ein Heranführen neuer Kräfte zu erschweren, werden die aus der Linie Brjansk-Wjasma-Rshew nach Osten führenden Bahnen laufend unterbrochen.

10) Tag und Stunde des Antretens werde ich im Sinne der von mir am 24. 9. den Herren Oberbefehlshabern gegebenen Weisungen befehlen.

Anlage 4

TAGESBEFEHL AN DIE SOLDATEN DER OSTFRONT

Soldaten!

Als ich euch am 22. Juni gerufen habe, um die furchtbar drohende Gefahr von unserer Heimat abzuwenden, seid ihr der größten militärischen Macht aller Zeiten entgegengetreten. In aber knapp drei Monaten ist es, dank eurer Tapferkeit, meine Kameraden, gelungen, diesem Gegner eine Panzerbrigade nach der anderen zu zerschlagen, zahllose Divisionen auszulöschen, ungezählte Gefangene zu machen, endlose Räume zu besetzen - nicht leere, sondern jene Räume, von denen dieser Gegner lebt und aus denen seine gigantische Kriegsindustrie mit Rohstoffen aller Art versorgt wird.

In wenigen Wochen werden seine drei ausschlaggebendsten Industriebezirke restlos in eurer Hand sein!

Eure Namen, Soldaten der deutschen Wehrmacht, und die Namen unserer tapferen Verbündeten, die Namen eurer Divisionen, Regimenter, eurer Schiffe und Luftgeschwader werden für alle Zeiten verbunden sein mit den gewaltigsten Siegen der Weltgeschichte.

Über 2.400.000 Gefangene habt ihr gemacht;
über 17.500 Panzer und
über 21.600 Geschütze vernichtet oder erbeutet;
14.200 Flugzeuge wurden abgeschossen oder am Boden zerstört.

Die Welt hat Ähnliches bisher noch nie gesehen!

Das Gebiet, das die Deutschen und die mit uns verbündeten Truppen heute besetzt halten, ist mehr als doppelt so groß wie das Deutsche Reich vom Jahre 1933, mehr als viermal so groß wie das englische Mutterland.

Seit dem 22. Juni sind die stärksten Stellungssysteme durchbrochen worden, gewaltige Ströme wurden überschritten, unzählige Orte erstürmt, Festungs- und Bunkeranlagen zertrümmert oder ausgeräuchert. Angefangen vom hohen Norden, wo unsere so überaus tapferen finnischen Verbündeten zum zweitenmal ihr Heldentum bezeugten, bis zur Krim steht ihr heute im Verein mit slowakischen, ungarischen, italienischen und rumänischen Divisionen rund 1000 Kilometer tief in Feindesland. Spanische, kroatische und belgische Verbände schließen sich nunmehr an, andere werden folgen.

Denn dieser Kampf wird - vielleicht zum erstenmal - von allen Nationen Europas als eine gemeinsame Aktion zur Rettung des wertvollsten Kulturkontinents angesehen.

Gewaltig ist aber auch die Arbeit, die hinter eurer gigantischen Front geleistet wurde.

Fast 2000 Brücken von über 12 Kilometer Länge sind gebaut worden; 405 Eisenbahnbrücken wurden hergestellt;
25.000 Kilometer Eisenbahnen sind wieder in Betrieb genommen; ja, über 15.000 Kilometer Bahnen sind bereits auf die allgemeine europäische Spurweite umgenagelt.
An Tausenden von Kilometern Straßen wird gearbeitet.

Große Gebiete sind schon in die zivile Verwaltung übernommen. Dort wird das Leben schnellstens wieder nach vernünftigen Gesetzen in Gang gebracht. Ungeheure Lager an Verpflegung, Treibstoff und Munition aber liegen bereit!

Dieses größte Ergebnis eines Kampfes wurde dabei erreicht mit Opfern, deren Zahl - bei aller Schwere für die einzelnen Kameraden und ihre Angehörigen - im gesamten noch nicht 5 v. H. derjenigen des Weltkrieges beträgt.

Was ihr, meine Kameraden, und was die mit uns verbündeten tapferen Soldaten an Leistungen, an Tapferkeit, an Heldentum, an Entbehrungen und Anstrengungen in diesen kaum dreieinhalb Monaten hinter euch haben, weiß keiner besser als derjenige, der einst selbst als Soldat im vergangenen Krieg seine Pflicht erfüllte.

In diesen dreieinhalb Monaten, meine Soldaten, ist nun aber endlich die Voraussetzung geschaffen worden, zu dem letzten gewaltigen Hieb, der noch vor dem Einbruch des Winters diesen Gegner zerschmettern soll. Alle Vorbereitungen sind - soweit sie Menschen meistern können - nunmehr fertig. Planmäßig ist dieses Mal Schritt um Schritt vorbereitet worden, um den Gegner in jene Lage zu bringen, in der wir ihm jetzt den tödlichsten Stoß versetzen können.

Heute ist nun der Beginn der letzten großen Entscheidungsschlacht dieses Jahres.

Sie wird diesen Feind und damit auch den Anstifter des ganzen Krieges, England selbst, vernichtend treffen. Denn indem wir diesen Gegner zerschlagen, beseitigen wir auch den letzten Bundesgenossen Englands auf dem Kontinent. Vom Deutschen Reich aber und von ganz Europa nehmen wir damit eine Gefahr hinweg, wie sie seit den Zeiten der Hunnen und später der Mongolenstürme entsetzlicher nicht mehr über dem Kontinent schwebte. Das deutsche Volk wird deshalb in den kommenden wenigen Wochen noch mehr bei euch sein als bisher.

Was ihr und die mit uns verbündeten Soldaten geleistet habt, verpflichtet schon jetzt alle zu tiefster Dankbarkeit. Mit angehaltenem Atem und Segenswünschen aber begleitet euch in den nächsten schweren Tagen die ganze deutsche Heimat. Denn ihr schenkt ihr mit Gottes Hilfe nicht nur den Sieg, sondern damit auch die wichtigste Voraussetzung für den Frieden!

Führerhauptquartier, den 2. Oktober 1941

Adolf Hitler

DIE HEERESGRUPPE MITTE
GLIEDERUNG UND STELLENBESETZUNG AM 2. 10. 1941

Oberbefehlshaber	Gen.Feldmarschall v. Bock
Chef des Generalstabes	Gen.Major v. Greiffenberg

Panzergruppe 2
Befehlshaber	Gen.Oberst Guderian
Chef des Generalstabes	Oberstltn. i. G. Frhr. v. Liebenstein

XXIV. Panzerkorps
Kommandierender General	Gen. d. Kav. Frhr. Geyr v. Schweppenburg
Chef des Generalstabes	Oberst i. G. Schilling
3. Pz. Div.	Gen.Lt. Model Ia Major i. G. Pomtow
4. Pz. Div.	Gen.Major Frhr. v. Langerman Ia Oberstltn. i. B. Heidkämper
10. Inf. Div.(mot.)	Gen.Lt. v. Loeper Ia Major i. G. v. Unold
Inf. Rgt. „Großdeutschland"	Gen.Major Hoernlein

XXXXVII. Panzerkorps
Kommandierender General	Gen. d. Artl. Lemelsen
Chef des Generalstabes	Oberstltn. i. G. Bamler
17. Pz. Div.	Gen.Lt. v. Arnim Ia Major i. G. v. Bonin
18. Pz. Div.	Gen.Major Nehring Ia Major i. G. Estor
29. Inf. Div. (mot.)	Gen.Major v. Boltenstern Ia Oberstltn. i. G. Franz

XXXXVIII. Panzerkorps
Kommandierender General	Gen. Lt. Kempff
Chef des Generalstabes	Oberstltn. i. G. Friebe
9. Pz. Div.	Gen.Lt. Hubicki Ia Major i. G. v. Necker
16. Inf. Div. (mot.)	Gen.Major Henrici Ia Oberstltn. i. G. Gundelach
25. Inf. Div. (mot.)	Gen.Lt. Clössner Ia Major i. G. Gaedke

Höh. Kommando XXXIV
Kommandierender General	Gen. d. Inf. Metz
Chef des Generalstabes	Oberst i. G. Cabanis
45. Inf. Div.	Gen.Lt. Schlieper Ia Major i. G. Dettmer
134. Inf. Div.	Gen.Lt. v. Cochenhausen Ia Major i. G. Riechert

Höh. Kommando XXXV
Kommandierender General	Gen.Lt. Kempfe
Chef des Generalstabes	Oberstltn. i. G. Boehm
95. Inf. Div.	Gen.Lt. Sixt v. Arnim Ia Major i. G. v. Consbruch
112. Inf. Div.	Gen.Lt. Mieth Ia Major i. G. Bodenstein
293. Inf. Div.	Gen.Lt. v. Obernitz Ia Oberstltn. i. G. Rauser
1. Kav. Div.	Gen.Major Feldt Ia Major i. G. v. Menges

2. Armee
Oberbefehlshaber	Gen.Oberst Frhr. v. Weichs
Chef des Generalstabes	Oberst i. G. v. Witzleben

XII. A. K.
Kommandierender General	Gen. d. Inf. Schroth
Chef des Generalstabes	Oberstltn. i. G. v. Waldenburg
34. Inf. Div.	Gen.Lt. Behlendorff Ia Major i. G. Heinrich
52. Inf. Div.	Gen.Major Rendulic Ia Major i. G. Worgitzky
258. Inf. Div.	Gen.Major Henrici Ia Major i. G. Pflanz

XIII. A. K.
Kommandierender General   Gen. d. Inf. Felber
Chef des Generalstabes   Oberst i. G. Hoffmann
17. Inf. Div.   Gen.Lt. Loch   Ia Major i. G. Dieckmann
260. Inf. Div.   Gen.Lt. Schmidt (Hans)   Ia Major i. G. Köstlin

XXXXIII. A. K.
Kommandierender General   Gen. d. Inf. Heinrici
Chef des Generalstabes   Oberst i. G. Schulz (Fr.)
31. Inf. Div.   Gen.Lt. Kaempfe   Ia Major i. G. Ulrich
131. Inf. Div.   Gen.Major Meyer-Buerdorf   Ia Major i. G. Merker

LIII. A. K.
Kommandierender General   Gen. d. Inf. Weisenberger
Chef des Generalstabes   Oberst i. G. Waeger
167. Inf. Div.   Gen.Lt. Schönhärl   Ia Major i. G. Niklaus
296. Inf. Div.   Gen.Major Stammermann   Ia Major i. G. Leutheuser

4. Armee
Oberbefehlshaber   Gen.Feldmarschall v. Kluge
Chef des Generalstabes   Oberst i. G. Blumentritt

VII. A. K.
Kommandierender General   Gen. d. Artl. Fahrmbacher
Chef des Generalstabes   Oberst i. G. Krebs
23. Inf. Div.   Gen.Major Hellmich   Ia Major i. G. Frhr. v. Roenne
197. Inf. Div.   Gen.Major Meyer-Rabigen   Ia Major i. G. v. d. Heyde
267. Inf. Div.   Gen.Major v. Wachter   Ia Major i. G. v. Trotha

IX. A. K.
Kommandierender General   Gen. d. Inf. Geyer
Chef des Generalstabes   Oberstltn. i. G. v. Linstow
15. Inf. Div.   Gen.Lt. Hell   Ia Oberstltn. i. G. Koßmann
137. Inf. Div.   Gen.Lt. Bergmann   Ia Major i. G. Meyer-Detring
263. Inf. Div.   Gen.Major Haeckel   Ia Major i. G. Sartorius

XX. A. K.
Kommandierender General   Gen. d. Inf. Materna
Chef des Generalstabes   Oberst i. G. Vogel
7. Inf. Div.   Gen.Lt. Frhr. v. Gablenz   Ia Oberstltn. i. G. Reichelt
78. Inf. Div.   Gen.Lt. Gallenkamp   Ia Major i. G. Pfeiffer
268. Inf. Div.   Gen.Major Straube   Ia Major i. G. Spitzer
292. Inf. Div.   Gen.Major Dehmel   Ia Major i. G. Meichssner

Panzergruppe 4
Befehlshaber   Gen.Oberst Hoepner
Chef des Generalstabes   Oberstltn. i. G. Chales de Beaulieu

XXXX. Panzerkorps
Kommandierender General   Gen. d. Pz.Tr. Stumme
Chef des Generalstabes   Oberstltn. i. G. v. Kurowski
2. Pz. Div.   Gen.Lt. Veiel   Ia Oberstltn. i. G. v. Quast
10. Pz. Div.   Gen.Major Fischer   Ia Major i. G. Görhardt

XXXXVI. Panzerkorps
Kommandierender General   Gen. d. Pz.Tr. v. Vietinghoff
Chef des Generalstabes   Oberstltn. i. G. Burg

5. Pz. Div.	Gen.Lt. Fehn Ia Major i. G. Engels
11. Pz. Div.	Gen.Major Crüwell Ia Major i. G. Wolf
252. Inf. Div.	Gen.Lt. v. Boehm-Bezing Ia Major i. G. v. Schoenfeld

LVII. Panzerkorps

Kommandierender General	Gen. d. Pz.Tr. Kuntzen
Chef des Generalstabes	Oberstltn. i. G. Fangohr
19. Pz. Div.	Gen.Lt. v. Knobelsdorff Ia Major i. G. v. Dawans
20. Pz. Div.	Gen.Lt. Stumpff Ia Major i. G. Staedtke
3. Inf. Div. (mot.)	Gen. Lt. Jahn Ia Major i. G. Dingler
SS-Div. „Das Reich"	SS-Gruppenführer Hausser Ia Oberstbn.Führer Ostendorff

9. Armee

Oberbefehlshaber	Gen.Oberst Strauß
Chef des Generalstabes	Oberst i. G. Weckmann

V. A. K.

Kommandierender General	Gen. d. Inf. Ruoff
Chef des Generalstabes	Oberst i. G. Schmidt
5. Inf. Div.	Gen.Major Allmendinger Ia Major i. G. Schultze
35. Inf. Div.	Gen.Lt. Fischer v. Weikersthal Ia Major i. G. Baumann

VIII. A. K.

Kommandierender General	Gen. d. Artl. Heitz
Chef des Generalstabes	Oberst i. G. Steinmetz
8. Inf. Div.	Gen. Major Hoehne Ia Major i. G. Deyhle
28. Inf. Div.	Gen.Lt. Sinnhuber Ia Major i. G. Gundelach
87. Inf. Div.	Gen.Lt. v. Studnitz Ia Major i. G. Manthey

XXIII. A. K.

Kommandierender General	Gen. d. Inf. Schubert
Chef des Generalstabes	Oberst i. G. Müller (Ludwig)
86. Inf. Div.	Gen.Lt. Witthöft Ia Major i. G. v. d. Groeben
206. Inf. Div.	Gen.Lt. Höfl Ia Oberstltn. i. G. v. Bogen
251. Inf. Div.	Gen.Lt. Burdach Ia Major i. G. Meier-Welcker
253. Inf. Div.	Gen.Lt. Schellert Ia Major i. G. Schlieper

XXVII. A. K.

Kommandierender General	Gen. d. Inf. Wäger
Chef des Generalstabes	Oberst i. G. Feyerabend
106. Inf. Div.	Gen.Major Dehner Ia Major i. G. Wahl
129. Inf. Div.	Gen.Lt. Rittau Ia Major i. G. Sachenbacher
161. Inf. Div.	Gen.Lt. Recke Ia Major i. G. v. Natzmer

Panzergruppe 3

Befehlshaber	Gen.Oberst Hoth
Chef des Generalstabes	Oberstltn. i. G. v. Hünersdorff

VI. A. K.
Kommandierender General   Gen. d. Pi. Förster
Chef des Generalstabes   Oberstltn. i. G. Degen
6. Inf. Div.   Gen.Lt. Auleb   Ia Major i. G. Lassmann
26. Inf. Div.   Gen.Major Weiss   Ia Major i. G. Lassen

XXXXI. Panzerkorps
Kommandierender General   Gen. d. Pz.Tr. Reinhardt
Chef des Generalstabes   Oberst i. G. Röttiger
1. Pz. Div.   Gen.Lt. Krüger   Ia Major i. G. Wenck
36. Inf. Div. (mot.)   Gen.Lt. Ottenbacher   Ia Major i. G. Runkel

LVI. Panzerkorps
Kommandierender General   Gen. d. Pz.Tr. Schaal
Chef des Generalstabes   Oberstltn. Frhr. v. Elverfeldt
6. Pz. Div.   Gen.Major Rauss   Ia Major i. G. Graf Kielmansegg
7. Pz. Div.   Gen.Lt. Frhr. v. Funck   Ia Major i. G. Berger
14. Inf. Div. (mot.)   Gen.Major Fürst   Ia Major i. G. Bennecke

Anlage 6

STELLENBESETZUNG DER HÖHEREN BEFEHLSSTELLEN DER „ROTEN ARMEE" AM 5. DEZEMBER 1941

„Westfront"
Oberbefehlshaber: Armeegeneral Schukow
Chef d. Gen.Stabes: Generalleutnant Sokolovskij
Kriegsrat: Divisionskommissar Bulganin

„Kalininer Front"
Oberbefehlshaber: Generaloberst Konjev
Chef d. Gen.Stabes: Oberst Kasnelson
Kriegsrat: Korpskommissar Leonov

„Südwestfront"
Oberbefehlshaber: Marschall Timoschenko
Chef d. Gen.Stabes: Generalleutnant Boldin
Kriegsrat: Divisionskommissar Chruschtschow

Armeen: Oberbefehlshaber:
1. Stoßarmee   Generalleutnant Kusnezov
3. Armee   Generalmajor Krejser
5. Armee   Generalleutnant Govorov
10. Armee   Generalleutnant Golikov
13. Armee   Generalmajor Gorodnjanskij
16. Armee   Generalleutnant Rokossovskij
20. Armee   Generalleutnant Wlassow
22. Armee   Generalmajor Vostruchov
24. Armee   Generalmajor Rakutin

Armeen:	Oberbefehlshaber:
29. Armee	Generalmajor Masslennikov
30. Armee	Generalmajor Leljuschenko
31. Armee	Generalmajor Juschkevitsch
33. Armee	Generalleutnant Efremov
43. Armee	Generalmajor Golubev
49. Armee	Generalleutnant Zacharkin
50. Armee	Generalleutnant Boldin
61. Armee	Generaloberst Kusnezow
I. Garde-Kav. Korps	Generalleutnant Belov
II. Garde-Kav. Korps	Generalmajor Dowator
III. Garde-Kav. Korps	Generalmajor Krjutschenkin
Moskauer Verteidigungskorps	Generalleutnant Schuravljev
VI. Luftverteidigungskorps	Oberst Mitenkov

Anlage 7

DIE „ROTE ARMEE" IN DER SCHLACHT UM MOSKAU

Verbände am 1. 12. 1941

	Heeresgruppe „Kalininer Front"	Heeresgruppe „Westfront"	Heeresgruppe „Südwestfront"
Schützenarmeen	3	10	2
Kavalleriekorps		2	1
Luftkorps		1	
Schützendivisionen	15	48	12
Mechanisierte Divisionen		3	
Panzer-Divisionen		3	
Kavallerie-Divisionen	1	16	6
selbständige mech. Brigaden	1	16	1
selbständige Schützenbrigaden	1	9	1
selbständige Panzer-Brigaden		21	2

Stärke der Verbände am 1. 12. 1941

	„Kalininer Front"	„Westfront"	„Südwestfront"
Menschen	192.198	787.184	80.998
Panzer	17	618	43
Kraftwagen	8.911	40.848	3.145
Pferde	32.611	144.529	22.984
Geschütze 7,6 cm	330	1.010	85
Geschütze 10,7 cm	249	784	99

Gliederung der Angriffstruppen 5. 12. 1941 - 8. 1. 1942

„Kalininer Front":	22., 29., 31., 30., 39. Armee
„Westfront":	1. Stoß-, 20., 16., 5., 33., 43., 49., 50., 10. Armee, Gruppe Below
„Südwestfront":	3., 13., 61. Armee, Gruppe Kostenko

Anlage 8

AUS DEM GEFECHTSKALENDER DER HEERESGRUPPE MITTE

Abwehrschlacht vor Moskau 5. 12. - 18. 4. 1942

a. Abwehrschlacht vor Moskau 5. - 21. 12.
b. Abwehrschlacht im Raum um Tim und Jelez 5. - 20. 12.
c. Abwehrkämpfe an Oka, Protwa und Nara 5. - 25. 12.
d. Abwehrkämpfe um Klin 6. - 19. 12.
e. Abwehrschlacht im Raum um Jefremow und Tula 6. - 26. 12.
f. Abwehrkämpfe zwischen Kalinin und der Winterstellung 15. - 24. 12.
g. Verteidigung Jaropoletz-Kely 20. 12. - 15. 1.
h. Abwehrkämpfe um Ssuchinitshi 20. 12. - 28. 1.
i. Abwehrschlacht bei Kursk 21. 12. - 4. 2.
k. Abwehrkämpfe nordwestlich Liwny 21. 12. - 2. 1.
l. Abwehrkämpfe um Kaluga 21. - 30. 12.
m. Abwehrkämpfe in der Rusa-Wolokolamsk-Stellung 22. - 31. 12.
n. Abwehrkämpfe zwischen Protwa und Ugra 25. 12. - 14. 1.
o. Abwehrkämpfe nordostwärts Orel 26. 12. - 18. 4.
p. Abwehrkämpfe in der Winterstellung der 9. Armee 25. 12. - 18. 4.
q. Abwehrkämpfe im Raum um Bolchow 27. 12. - 18. 4.
r. Winterschlacht von Rshew 4. 1. - 20. 2.
s. Winterschlacht bei Juchnow 14. 1. - 18. 4.
t. Abwehrkämpfe in der Winterstellung Juchnow-Gshatsk-Subzow 14. 1. - 18. 4.
u. Abwehrkämpfe im Abschnitt Welish-Wel.Luki 18. 1. - 18. 4.
v. Abwehrkämpfe nordwestlich Orel 29. 1. - 18. 4.
w. Abwehrkämpfe westlich und nordtwestlich Ssuchinitshi 29. 1. - 18. 4.
x. Vernichtungskämpfe bei Wjasma 22. 3. - 18. 4.

VERLUSTE DES DEUTSCHEN OSTHEERES

Oktober 1941 - März 1942

Zeile 1 bedeutet Anzahl der Offiziere -
Zeile 2 bedeutet Anzahl der Unteroffiziere und Mannschaften

Zeitraum	Verwundet	Gefallen	Vermißt	Gesamtverlust
4. 10. - 6. 11.	2.683	1.013	71	3.767
	88.923	24.704	3.987	117.614
7. 11. - 10. 12.	2.301	810	66	3.177
	65.418	16.808	3.567	85.793
11. 12. - 31. 1.	2.318	856	152	3.326
	99.128	28.141	10.312	139.581
1. 2. - 31. 3.	3.003	1.144	141	4.288
	138.686	39.440	9.431	145.557

Der prozentuale Anteil der Verluste am Personalstand des Gesamtheeres
betrug am   6. 11. 1941 = 20,2 %
              10. 12. 1941 = 24,2 %
              31.   1. 1942 = 28,7 %
              31.   3. 1942 = 34,6 %